GRENOBLE

EN 1814 ET 1815.

GRENOBLE

EN 1814 ET 1815

PAR

M. ALBIN GRAS,

DOCTEUR ÈS SCIENCES, DOCTEUR EN MÉDECINE DE LA FACULTÉ DE PARIS, PROFESSEUR
A L'ÉCOLE DE MÉDECINE DE GRENOBLE, EX-PRÉSIDENT DE LA SOCIÉTÉ
DE STATISTIQUE DE L'ISÈRE, ETC.

GRENOBLE,
IMPRIMERIE MAISONVILLE, RUE DU PALAIS.

MAI 1854.

GRENOBLE

EN 1814 ET 1815.

L'étoile de Napoléon avait pâli en 1813 ; les désastres de Moscou, les défections qui avaient suivi la bataille de Leipsick, nous avaient réduits à la défensive, et l'Europe entière, sous les armes, se préparait à envahir la France. Vers la fin de cette année, la Suisse, au mépris des traités qui garantissaient sa neutralité, avait été traversée par une puissante armée d'alliés qui se dirigeait sur nos provinces de l'est. Grenoble était donc en proie, au commencement de 1814, à de vives inquiétudes, mêlées toutefois de confiance dans les ressources et dans le génie du chef de l'Etat. Plusieurs régiments venant du midi avaient traversé notre ville sans s'y arrêter ; nous étions presque dépourvus de garnison.

Pourtant, d'énergiques mesures de défense venaient d'être prises. D'après un décret du 17 décembre 1813, deux cohortes de grenadiers de gardes nationales, destinées à maintenir l'ordre et à donner main-forte à l'autorité, s'organisaient, l'une à Grenoble et l'autre à Voiron. Celle de notre ville devait se composer de quatre compagnies fortes chacune de 125 hommes. Des commissaires extraordinaires avaient été envoyés dans toutes les divisions militaires pour organiser et surveiller les préparatifs pour la résistance. Ce fut le sénateur de Saint-Vallier (1) qui fut chargé de cette mission dans la 7ᵉ division. Il arriva à Grenoble le 6 janvier 1814. Dans une proclamation datée du même jour (V. pièce justificative A), il donna des espérances de paix, tout en engageant ses concitoyens à défendre énergiquement les frontières.

Indépendamment des 300,000 conscrits dont la levée avait été prescrite, Napoléon avait ordonné l'armement en masse de gardes nationaux destinés à faire un service sédentaire dans leur commune, et la formation de corps francs dans les départements menacés par l'ennemi.

Le général de division Marchand, notre compatriote, fut nommé commandant en chef des troupes qui devaient s'organiser dans le département de l'Isère et dans la Savoie. Il était invité à se concerter, pour ces mesures, avec le général Laroche, commandant la 7ᵉ division militaire.

Grenoble avait alors pour maire Renauldon, administrateur distingué, et pour préfet le savant Fourier, compagnon de Napoléon en Egypte.

---

(1) Il était accompagné de l'auditeur Beyle, et, plus tard, de Sirot et de Delamarre.

L'organisation des levées prescrites fut poussée avec activité. Les militaires de tous grades, en congé ou mis à la retraite pour des blessures, des infirmités ou à cause de l'âge, avaient été chargés de prêter leur concours aux maires et aux gardes nationales de leurs communes.

On les invita même à se rendre à Grenoble, pour recevoir des instructions spéciales sur leurs fonctions (arrêté préfectoral du 10 janvier). Cet appel fut entendu, et une foule de braves accoururent dans notre ville, demandant à être incorporés dans les compagnies franches qui s'organisaient rapidement. *Il s'agit de défendre notre patrie*, disaient-ils, *nous n'avons plus de blessures*. Mais bientôt une nouvelle circulaire du préfet, en date du 17 janvier, leur prescrivit, au contraire, de rester dans leurs communes pour y diriger les gardes nationales, *vu l'urgence des circonstances*. C'est qu'en effet l'invasion de l'ennemi qui nous menaçait était maintenant un fait accompli.

Parmi les nombreuses divisions de troupes alliées qui avaient franchi la Suisse, se ruant sur la France, l'une d'elles, commandée par le général autrichien comte de Bübna, avait pris la route de Genève, menaçant la Savoie, Lyon et le Dauphiné. Le 30 décembre 1813, elle avait occupé Genève, abandonnée par la garnison française trop faible pour se défendre, et de là s'était avancée jusqu'aux portes de Lyon. L'alarme avait été grande dans cette ville, dépourvue de troupes, d'armes et de munitions. On avait même donné l'ordre, le 13 janvier 1814, d'emporter les caisses publiques, les papiers et les effets du gouvernement. La Savoie avait été également envahie par une autre division autrichienne ayant à sa tête le général Zeichmeister. Le général français Dessaix, qui y commandait, n'avait pu réunir, pour opposer à l'ennemi, que quelques conscrits, des douaniers et des gardes forestiers. De concert avec Marchand, il disputa hardiment les positions qui couvraient Chambéry, mais il ne put empêcher l'ennemi de s'emparer de cette ville, le 20 janvier 1814. Nos troupes prirent alors position sur l'ancienne frontière de la France, aux Echelles, à Barraux et au poste de la Chavanne, en face de Montmélian.

D'énergiques moyens de résistance furent organisés rapidement par les généraux Dessaix et Marchand ; on rassembla de tous côtés les gardes nationaux en état de faire un service actif; dès le 10 janvier, la faible garnison de Grenoble s'était portée à la frontière du département, et la garde nationale sédentaire faisait tout le service de la place. Voici quelles furent les dispositions prises. On avait confié la défense du Guiers du côté des Echelles au général de brigade baron de Barral, vieillard âgé de 71 ans, mis à la retraite à cause de son âge et de ses blessures et qui s'était retiré à Voiron. Malgré ses infirmités et malgré la rigueur du froid, il avait accepté ces fonctions où il déploya une ardeur toute juvénile. Il fit appel aux habitants du pays, et après les avoir réunis à un bataillon du 18e d'infanterie légère arrivé de Grenoble le 4 janvier, il prit position aux Echelles; ayant reçu également deux pièces de canon, il les fit placer en avant du village; Cette petite artillerie était dirigée par le brave capitaine Joseph Debelle, alors en retraite et amputé d'une jambe. Peu après, de Barral établit un poste au Pont de Beauvoisin et occupa le col d'Aiguebellette; les montagnes de la Chartreuse étaient gardées par des corps francs; enfin des troupes françaises placées, comme nous le verrons, en avant de Barraux et au poste de la Chavanne, défendaient de ce côté notre frontière.

Nous fûmes attaqués sur toute la ligne dans la nuit du 23 janvier, et le lendemain 24, cent cinquante hussards hongrois vinrent assaillir les avant-postes français établis à St-Thibaud de Coux, au-delà de la grotte des Echelles ; ils furent repoussés par une poignée de gardes nationaux ; on leur blessa 4 hommes et on fit 3 prisonniers. Les canons servirent peu ; on prétend même que, par suite d'une infâme trahison, les munitions d'artillerie étaient détériorées et qu'un morceau de bois avait été enfoncé dans l'intérieur d'un canon. Carre-Vagniat, ingénieur des ponts et chaussées, sur l'ordre du colonel du génie de Hautpoul, s'était rendu dès le 21 janvier aux Echelles ; il avait barré par des murs la longue galerie percée dans le roc, et avait coupé par un large fossé la chaussée qui conduit à la grotte. Ce dernier travail n'était pas encore entièrement terminé lorsque le 31 janvier, entre deux et trois heures de l'après-midi, trois petites colonnes ennemies nous attaquèrent brusquement : l'une se présenta de front vers la coupure de la chaussée de la grotte, les autres, guidées par des gens du pays, tournèrent, par la hauteur de la Commanderie, les positions des détachements français. Ceux-ci, bien inférieurs en nombre aux Autrichiens, furent forcés d'abandonner les Echelles. Le général baron de Barral battit en retraite en bon ordre et fit prendre position à ses troupes, partie au défilé de Crossey, pour couvrir Voiron, partie au col de la Placette, pour défendre Voreppe ; on renforça ce dernier poste d'un gros détachement avec du canon. Au commencement de la retraite Carre-Vagniat, arrêté par les Autrichiens, fut fort maltraité et resta prisonnier quelques heures.

Pendant que ces événements se passaient sur le Guiers, et dès le 25 janvier, le général Marchand avait fait occuper Chapareillan et avait placé 400 hommes au poste de la Chavanne, en face de Montmélian où se trouvait alors un corps d'Autrichiens d'une centaine d'hommes environ ; deux pièces de canon enfilaient le pont et pouvaient tirer à mitraille dans les rues de Montmélian. L'ennemi avait enlevé les planches des deux arches en bois de ce pont et rompit même pendant la nuit l'une de ces arches. Le lendemain matin, Dessaix, pour connaître au juste le nombre de soldats qui occupait la ville, feignit de vouloir forcer le passage et canonna vivement l'ennemi qui souffrit beaucoup. Le feu cessa à dix heures du matin.

Bientôt après, la forte position de Barraux fut elle-même

attaquée; nos troupes y étaient commandées par le major Bois, du 18ᵉ léger; elles occupaient, derrière le ruisseau du Cernon, en avant du fort, les lignes sur lesquelles Villars, Berwick, Montesquiou et Kellermann s'étaient placés; le 6 février, à dix heures du matin, le général autrichien Zeichmeister dirigea une forte colonne d'infanterie et de cavalerie sur le village élevé de Bellecombe, afin de tourner les défenses du fort Barraux en s'avançant par la montagne, et de chasser nos troupes qui en défendaient l'approche; les Français, en même temps, furent assaillis sur tout le cours du Cernon; une vive fusillade s'engagea sur-le-champ; la résistance fut partout énergique; les munitions commençaient à manquer à nos soldats lorsque, sur l'invitation du maire de Barraux, on vit les habitants de cette commune, des femmes et même des enfants, se charger de cartouches et, bravant le danger, les apporter jusque dans les gibernes des soldats. Pendant que cette affaire se passait sur les deux rives du ruisseau le Cernon et que nos troupes en défendaient le passage avec une rare intrépidité, plusieurs colonnes ennemies se portèrent de tous côtés sur Chapareillan, et vinrent déboucher sur les dernières maisons, au midi de ce bourg qui était défendu par 600 hommes environ. Une autre colonne, ayant à sa tête le général Zeichmeister, s'avançait, avec du canon, sur la grande route. Nos troupes s'étant aperçues de ce mouvement, se replièrent en bon ordre sur une excellente position au midi de la forêt de la Servette, et sur les terres de Cotanier, au sud-est, d'où elles découvraient et gardaient la plaine; un combat général s'engagea sur toute la ligne; l'ennemi occupa momentanément Chapareillan et pilla ce bourg; mais bientôt il fut repoussé de tous côtés malgré la grande supériorité de ses forces, et battit en retraite avec une perte de 60 hommes, tant tués que blessés. Les Français eurent 3 hommes tués et 14 blessés dont deux moururent des suites de leurs blessures. Ce fut pour le moment le dernier combat où l'ennemi prit l'offensive.

Il était temps, en effet, que l'on vînt au secours de Lyon et du département de l'Isère : nos troupes étaient épuisées de fatigue. Le 1ᵉʳ février, l'hôpital militaire de Grenoble renfermait 600 blessés ou malades, et comme cet établissement manquait de linge et de charpie, le maire fut obligé de faire un appel à la charité publique.

Napoléon confia à Augereau la défense de l'est ; ce maréchal arriva dans Lyon le 14 janvier ; il y fut bientôt rejoint par 10,000 hommes de vieilles troupes venant de la Catalogne ; c'était tout ce qu'il fallait pour compenser l'immense supériorité de l'ennemi ; le 12 février, le maréchal reçut l'ordre de se porter sur Genève, en chassant l'ennemi du Bugey, de la Franche-Comté et de la Savoie. Toutes les troupes placées sous son commandement, en y comprenant celles de l'Isère, pouvaient s'élever à 24,000 hommes d'anciennes ou de nouvelles levées et de toutes armes.

Il les partagea en quatre corps d'armée, les trois premiers commandés par les généraux Musnier, Pannetier et Bardet, et le quatrième par le général Marchand, qui venait d'être nommé commandant de la 7ᵉ division militaire ; ce quatrième corps n'avait pas de cavalerie et ne comprenait que 4,800 conscrits en grande partie dauphinois, soldats encore peu exercés mais pleins d'ardeur. On y manquait de moyens de transport et l'artillerie était attelée de bœufs. Marchand avait en outre sous ses ordres quelques bataillons de gardes nationaux mobilisés tenant garnison dans les places fortes des Hautes-Alpes. Ces quatre corps d'armée attaquèrent simultanément l'ennemi, vers la mi-février, et le repoussèrent vigoureusement jusque sous les murs de Genève.

Voici quelques détails sur les événements qui se passèrent alors dans l'Isère et dans la Savoie ; mais disons d'abord que dès le 9 février, l'organisation des gardes nationales de l'Isère était terminée. La cohorte des grenadiers grenoblois était formée et équipée ; elle avait été passée en revue, le 6 février, par le général Marchand et le sénateur de Saint-Vallier, qui furent satisfaits de leur ardeur et de leur discipline.

Dans la nuit du 12 au 13 février, un détachement des compagnies franches des montagnes de la Chartreuse surprit le poste d'Entremont; l'ennemi n'eut que le temps de se sauver à la hâte, après avoir eu 3 hommes tués et en laissant 13 prisonniers; le 15 du même mois, le village des Echelles fut emporté de vive force par le 18e léger que commandait le colonel Cubières; nos troupes marchèrent immédiatement sur le défilé de la Grotte et s'en emparèrent malgré une vive résistance, un pâtre leur ayant indiqué un sentier qui permettait de tourner les Autrichiens. La perte de ces derniers fut considérable; on leur fit en outre 50 prisonniers qui furent conduits à la citadelle de Grenoble. Cubières poursuivit ensuite l'ennemi jusque sous les murs de Chambéry.

Du côté de Montmélian, les généraux Marchand et Dessaix avaient également repris l'offensive dès le 17 février. L'ennemi résista à peine et battit en retraite de tous côtés. Le 19, nos troupes entrèrent dans Chambéry; les Autrichiens, après l'avoir évacué précipitamment en y abandonnant leurs blessés, prirent position en arrière de cette ville; on les débusqua de ce poste le 22, en les tournant à droite par les hauteurs de Lemenc, et ils furent contraints de se retirer sur Aix; le lendemain, à l'approche de nos troupes, ils évacuèrent cette ville et furent poursuivis jusqu'à Alby; ils battirent alors en retraite sur Genève, par les deux routes de Rumilly et d'Annecy. Le général Marchand mit également deux colonnes à leur poursuite. Celle de droite, commandée par le général Serrant, s'empara d'Annecy, le 24 février, à la suite d'un combat brillant: 2,000 Français battirent complétement 3,000 Autrichiens, dont 800 cavaliers, et les chassèrent successivement de trois positions très-fortes; la perte de l'ennemi fut considérable; de notre côté nous n'eûmes que 70 hommes ou tués ou blessés. Après avoir été chassés du pont de la Caille, les Autrichiens prirent position près de St-Julien. Notre colonne de gauche n'eut à essuyer que de faibles escarmouches ; elle occupa Frangy le 27 février, et se réunit, le 29, à la 2ᵉ colonne en avant de St-Julien. Là, non loin d'Archamp, les ennemis avaient pris une position très-avantageuse, défendue par 28 pièces de canon; nous n'avions à leur en opposer que 5; néanmoins le général Dessaix les attaqua, le 1ᵉʳ mars, avec des forces très-inférieures. Après un combat des plus meurtriers, il resta maître du champ de bataille et des positions de l'ennemi. Le même jour, le fort de l'Ecluse avait été pris par le général Bardet. Les 2ᵉ et 4ᵉ corps d'armée d'Augereau se trouvaient ainsi réunis sous les murs de Genève, où le général autrichien Bübna s'était renfermé. Le 6 mai, les Français avaient pris position à Carouge ; Genève avait été sommé de se rendre et on s'apprêtait à le canonner.

Ce devait être le terme de nos succès; effrayés de notre marche rapide et craignant d'être pris en flanc, les alliés détachèrent de leur grande armée 40,000 hommes qui, de la Bourgogne, se dirigèrent sur Lyon. Ils étaient commandés par le prince Philippe de Hesse-Hambourg et le général Bianchi; du côté de Genève, il leur arrivait en outre sans cesse des renforts de troupes légères, cosaques, vélites, Hongrois, Monténégrins; les quatre divisions d'Augereau se trouvaient attaquées au moins par 90,000 alliés. Pressé par ces forces supérieures, le maréchal fut obligé de battre en retraite sur Lyon. Le 18 mars, près de Saint-Georges, 10,000 Français avaient lutté contre 35,000 combattants et leur avaient tué ou blessé 3,000 hommes. Le 20, à Limonest, tout près de Lyon, 14,000 de nos soldats soutinrent l'effort de 60,000 alliés qui perdirent plus de 4,000 hommes. Il ne restait plus à Augereau qu'à se renfermer dans l'enceinte de cette ville et à résister quelques jours, chose facile, des secours lui arrivant du midi à marches forcées. Il n'en fit rien, et sa retraite du côté de Valence amena, le 21 mars, la capitulation de la seconde ville de France. Cette reddition eut un effet moral désastreux et contribua beaucoup à la chute de Napoléon.

Pendant ce temps-là, les généraux Marchand et Dessaix essayaient de résister, en Savoie, aux attaques d'une forte division d'alliés commandée par le général Bübna.

La petite armée française, quoique renforcée d'un corps de troupes de 3,600 hommes venus d'Italie, était presque des deux tiers inférieure en nombre aux forces ennemies. La reddition de Lyon mettait d'ailleurs Marchand dans la nécessité de couvrir Grenoble. Ce général fit commencer, le 23 mars, le mouvement rétrograde de son corps d'armée, qui comptait 12,000 hommes tant de la ligne que de gardes nationales. Vivement poursuivies par Bübna, qui était à la tête de 30,000 combattants, nos troupes se retirèrent sur deux colonnes : l'une par la route d'Annecy, l'autre par celle de Rumilly, faisant bonne contenance et prenant position toutes les fois que le terrain se prêtait à la défensive ; elles disputèrent vaillamment Frangy et Rumilly, le pont de la Caille et celui de Brogny ; elles cédèrent enfin le terrain à la force du nombre et se retirèrent par Chambéry, sur la frontière du département de l'Isère. Là, Marchand établit ses troupes dans la position qu'elles occupaient en février 1814. Celles qui se trouvèrent à Chapareillan y furent vivement attaquées, mais toujours inutilement. Bübna était rentré dans Chambéry ; les Echelles et Montmélian se trouvaient au pouvoir du comte Bianchi.

Ces divers combats avaient encombré notre hôpital militaire de 1,300 blessés ou malades ; l'administration manquait de paillasses, de matelas, de draps et de linge à pansement. Le 31 mars, Renauldon, maire de Grenoble, fut obligé de faire un nouvel appel à la charité publique, en invitant les citoyens à venir en aide à cet établissement, soit par des dons, soit par des prêts. La ville avait été mise en état de siége, et dès le 3 avril, les portes en furent fermées à huit heures du soir.

Les hostilités, du reste, n'avaient pas cessé un instant. Immédiatement après la reddition de Lyon, une armée autrichienne, forte de 20,000 hommes et commandée par le général de Hardeck, se dirigea de cette ville sur Grenoble (1). Dans la prévision de ce dernier mouvement, le général Marchand avait fait occuper Voiron par le colonel Cubières. Celui-ci, qui commandait une brigade composée de quatre bataillons des 18° léger, 11° et 75° de ligne et de deux bataillons de gardes nationales mobiles, plaça des avant-postes à Chirens, et de forts détachements à St-Laurent du Pont et à la Grande-Chartreuse. Le 28 mars, la position de Chirens fut attaquée par les premières troupes du général de Hardeck. Le colonel Cubières accourut pour soutenir ses avant-postes; un combat s'engagea et l'ennemi fut vigoureusement repoussé et chassé de la position qu'il occupait; il y éprouva une perte d'une centaine d'hommes et on lui fit 33 prisonniers. Le 2° bataillon du 18° léger, composé de conscrits de notre département, se distingua surtout dans cette affaire.

Mais l'ennemi arrivait de tous côtés en force ; Cubières dut se replier sur Voreppe, gros bourg situé comme on le sait à l'entrée des Alpes. Il y fit à la hâte quelques travaux de défense. Un fossé avec levée de terre fut creusé en travers de la plaine au-delà du rocher des Buissières, du côté de Moirans. Les berges du torrent de la Roize avaient été disposées de manière à servir de retranchement. Deux pièces de canon furent placées sur la hauteur des Buissières, et deux autres au bas de la descente de Voreppe, non loin de la maison dite de la Poste. Les troupes dont pouvait disposer Cubières se composaient environ de 1,200 hommes du 18° léger, de 1,000 soldats d'autres troupes de ligne, de 1,000 gardes

---

(1) Indépendamment des troupes qui occupaient la Savoie, le département de l'Isère était aussi attaqué sur divers points par plus de 30,000 combattants, en y comprenant une cavalerie nombreuse. Nous n'avions à leur opposer que 10,000 hommes, sans cavalerie.

nationaux mobilisés et douaniers, d'une trentaine de hussards et de 60 artilleurs gardes-côtes. En outre, deux bataillons, l'un du 18e léger, l'autre de gardes nationaux, commandés par le major Olivetti, occupaient le défilé de Crossey et le col de la Placette. Ce poste avait été attaqué le dernier jour de mars par un détachement autrichien qui fut repoussé avec perte et où, d'après ce que nous a rapporté un homme du pays, une petite colonne ennemie qui s'était engagée dans un sentier escarpé périt tout entière.

Le gros de l'armée autrichienne, forte de 15,000 hommes, s'était porté en même temps sur Moirans où se trouvait le quartier général; son camp était établi sur les hauteurs de St-Jacques. Le général ennemi Hardeck semblait hésiter s'il forcerait immédiatement le passage de Voreppe, attendant probablement le résultat de l'attaque du défilé de Crossey et des hauteurs de Raz.

Sachant par des hommes dévoués que les Autrichiens se gardaient très-mal, Cubières conçut le projet hardi d'enlever leur général; conduit par le fils du maître de poste de Voreppe, il s'avança pendant la nuit avec un bataillon; il fit un grand détour par la Buisse et St-Jean, mais il ne put complétement surprendre les troupes de Moirans. Toutefois, il s'introduisit dans ce bourg et pénétra dans l'appartement de Hardeck, comme celui-ci venait de le quitter. Le colonel saisit ses papiers, mais l'alerte était donnée; il fallut se retirer. Cette fois on gagna la grande route pour n'être pas coupé et afin de résister à la poursuite de l'ennemi.

L'inaction des Autrichiens donnait faveur à des bruits de paix qui circulaient à Grenoble et à Voreppe. On était dans une si grande quiétude, que l'inspecteur des douanes Bezançon et M. Durand-Lainé, aujourd'hui conseiller de préfecture (1),

---

(1) M. Durand-Lainé a bien voulu nous fournir la plupart des renseignements qui suivent sur le combat de Voreppe; nous saisissons cette occasion pour le remercier de son obligeance.

crurent pouvoir venir de Grenoble à Voreppe, le 2 avril, veille du dimanche des Rameaux ; ils trouvèrent les soldats du 18ᵉ faisant l'exercice de peloton ; c'étaient pour la plupart des jeunes gens de 18 à 20 ans sachant à peine manier le fusil ; bientôt on apprit qu'un ingénieur autrichien, qui venait explorer les bords de l'Isère, avait été tué par des coups de feu tirés de la rive gauche de l'Isère par les gardes nationaux de Veurey.

Ce fut ce même jour (2 avril) qu'eut lieu l'attaque de Voreppe. A une heure de l'après-midi, un coup de canon tiré des Buissières annonça l'approche de l'ennemi ; la fusillade et une vive canonnade se firent entendre dans la plaine ; nos soldats, trop éparpillés, ne purent se défendre longtemps, protégés seulement par une faible levée de terre ; le 18ᵉ se replia et vint prendre position le long de la Roize où l'on continua à se battre avec acharnement ; mais bientôt un régiment tout entier de dragons autrichiens traversa ce torrent près de son embouchure dans l'Isère ; on n'avait fait sur ce point aucuns travaux de défense ; les Français allaient être enveloppés et les munitions commençaient d'ailleurs à manquer. Le général Cubières fit alors battre en retraite. Ce mouvement rétrograde se fit en bon ordre. Arrivées sur la hauteur du Chevalon, nos pièces de canon furent mises en batterie et l'ennemi ne songea plus à inquiéter les Français.

Il était près de quatre heures du soir quand les Autrichiens entrèrent dans Voreppe.

L'attaque sur le pont du bourg avait été meurtrière pour eux ; les batteries établies sur les Buissières leur avaient fait beaucoup de mal ; ils croyaient avoir aperçu des bourgeois parmi les combattants, et avaient même fait prisonnier un habitant de Voreppe, dont les lèvres paraissaient noires de poudre. Ils étaient très-animés par ces circonstances et menaçaient d'incendier et de piller le bourg ; de Linage, alors maire de Voreppe, Hector d'Agoult et Michoud, ses adjoints, intercédèrent auprès de leur général en chef et obtinrent non-seulement qu'ils se contenteraient d'une somme d'argent, mais encore qu'ils épargneraient la vie de leur prisonnier. On a affirmé que les Autrichiens avaient eu dans cette affaire 2 à 300 hommes tués ou blessés. Du côté des troupes françaises, la perte ne fut pas très-forte ; nous eûmes, dit-on, à regretter une cinquantaine d'hommes. Trois habitants du bourg périrent, et il y eut une maison incendiée. Les habitants de Voreppe participèrent au combat et se défendirent avec courage. L'un d'eux, nommé Guillot, du hameau de Raffin, ancien sergent d'artillerie, voyant que les pièces des Buissières étaient mal pointées, s'y rendit et ne cessa le feu que lorsque les gargousses lui manquèrent. La commune de Voreppe souffrit beaucoup de la présence des alliés ; indépendamment de la somme qu'elle eut à verser pour racheter le bourg du pillage, elle perdit en réquisitions, dégâts, prestations, etc., une somme évaluée officiellement à 262,200 fr. 15 c.

Après le combat de Voreppe, le détachement qui était à la Placette quitta son poste, qui n'était plus tenable ; il se dirigea pendant la nuit du côté de Grenoble, en passant par la montagne de Chalais, et rejoignit le lendemain Cubières un peu au-delà du Chevalon.

Pendant ce temps, le comte de Bübna, après avoir occupé les montagnes de la Chartreuse, sur la frontière de la haute Isère, essaya, mais en vain, de s'emparer du fort Barraux. Il voulut aussi attaquer le poste de la Chavanne où se trouvait Dessaix, mais il en fut empêché par la rupture du pont de Montmélian. Les Autrichiens remontèrent alors l'Isère jusqu'au confluent de l'Arc et ils traversèrent la première rivière sur des radeaux ; Dessaix détacha quelques troupes pour garder le poste de Pontcharra et prit une position telle qu'il rendit inutiles tous les efforts de Bübna ; il couvrait la Maurienne et les communications avec Turin où commandait le prince Camille Borghèse.

Du côté de Grenoble, après le combat de Voreppe du 2 avril, le colonel Cubières abandonna bientôt le Chevalon et vint prendre une excellente position vers la Buisserate, au pont dit de *Pique-Pierre*, lieu où l'Isère se rapproche beaucoup du coteau ; il y fit quelques travaux de défense ; des batteries établies au Polygone, sur la rive gauche de l'Isère, devaient balayer la plaine de la Buisserate ; plusieurs bataillons d'infanterie occupaient les hauteurs et s'appuyaient le long du ruisseau de Pique-Pierre, prêts à contenir l'ennemi de quelque côté qu'il vînt. Nos avant-postes étaient à Saint-Robert. Les alliés hésitèrent plusieurs jours avant de songer à attaquer une position si difficile à forcer.

On dit pourtant que l'ordre de l'enlever de vive force avait été donné et que l'attaque avait été fixée au lendemain de Pâques, 11 avril, à deux heures de l'après-midi, lorsque, le matin de ce jour, le général ennemi reçut, par un courrier, la nouvelle officielle des événements survenus à Paris. On apprit qu'à la suite de la trahison du général Marmont, les troupes coalisées étaient entrées dans la capitale et qu'il s'était trouvé des sénateurs assez lâches pour proclamer la déchéance d'un souverain qui avait été leur bienfaiteur. Napoléon avait dû accepter un exil à l'île d'Elbe.

Le prince Emile de Hesse-Darmstadt, qui connaissait Marchand, demanda alors une entrevue à ce général. Elle eut lieu le même jour, 11 avril, à midi, sur la terrasse de la maison Chanel, à Saint-Robert. Là, les deux généraux convinrent d'un armistice, leurs corps d'armée gardant leurs positions respectives. Par une bizarre combinaison de la fortune, Emile de Hesse-Darmstadt servait, six mois auparavant, sous les ordres du général Marchand lui-même dans la grande armée impériale.

Ce prince vint à Grenoble le lendemain 12 avril, à deux heures de l'après-midi, avec une suite nombreuse, et se rendit à l'hôtel du général Marchand, qui avait été le recevoir à ses avant-postes; il y dîna et repartit à la chute du jour pour le quartier général des alliés établi à Voreppe. Cette apparition parut de mauvais augure aux partisans de Napoléon, et quelques huées accompagnèrent le passage du prince Emile. En effet, le surlendemain, le conseil municipal de la ville se réunit et donna son adhésion aux actes du gouvernement provisoire qui proclamaient la déchéance de Napoléon. L'autorité municipale fut invitée à faire imprimer et afficher cette déclaration. Le même jour, le maire et ses adjoints, ayant la cocarde et l'écharpe blanches, se rendirent, sous l'escorte de la garde nationale, sur toutes les places et dans les faubourgs; là, à chaque station, le secrétaire de la mairie lut cet acte d'adhésion. Le général Marchand fut accusé de l'avoir provoqué; dès lors, il cessa d'être populaire, et, parmi les souvenirs de notre première enfance, se retrouvent encore quelques vers d'une chanson injurieuse au général que nous avions entendu chanter de tous côtés.

Le 17 avril, eut lieu dans l'Isère le licenciement des gardes nationaux mobiles, en exécution des ordres du gouvernement provisoire.

Le 19 avril, les troupes alliées campées près de Grenoble entrèrent dans la ville, en vertu d'une convention conclue le 8 à Paris entre les puissances coalisées et le gouvernement provisoire, d'après laquelle on leur assignait pour cantonnement plusieurs départements et notamment celui de l'Isère. Le 24 du même mois, les troupes françaises évacuèrent successivement la ville et le reste du département. Les habitants durent loger et nourrir les alliés, et on leva une contribution d'un centime par franc pour subvenir aux dépenses qu'ils occasionnaient.

Vers le milieu de mai, un régiment d'artillerie de l'armée d'Italie revint en France par le Mont-Cenis et dut s'arrêter à Grenoble. Il fut logé dans la portion de la ville située sur la rive droite de l'Isère, et pour prévenir des rixes, des postes de garde nationale furent établis aux extrémités des ponts qui font communiquer ces deux portions de la ville. Néanmoins, des soldats autrichiens ayant garni leurs shakos de branches d'arbre, il se manifesta sur plusieurs points des désordres fâcheux qui auraient pu avoir des conséquences très-graves sans l'intervention active de la garde nationale. Le maire fit afficher à cette occasion une proclamation aux habitants de Grenoble, en date du 15 mai. (V. pièce justificative B.)

Le 28 mai, à sept heures du matin, les alliés évacuèrent enfin Grenoble, après une occupation de trente-huit jours; ce fut avec joie qu'on les vit s'éloigner; ils furent remplacés par une division française revenant d'Italie, commandée par le général Campy. La garde nationale, ayant à sa tête Lavauden, capitaine de la 1re compagnie et ancien officier au 12e d'infanterie légère, alla au-devant d'elle jusqu'à Eybens et fraternisa dans un banquet improvisé en partie par M. Alphonse Perier, propriétaire de l'ancien château et lieutenant dans la garde nationale. L'entrée de cette division dans les murs de Grenoble fut une véritable ovation. Les cris de : *Vive la France! vive l'armée d'Italie!* redoublèrent surtout à la vue des aigles que les troupes avaient encore conservées. (V. pièce justificative C.)

C'est ainsi que s'accomplit dans nos murs la première Restauration. A la joie qu'excitait le rétablissement de la paix se mêlait, surtout chez la classe laborieuse, un sentiment d'humiliation d'avoir vu notre ville occupée par l'étranger après tant de sang versé pour sa défense; on murmurait le mot de trahison. Les réquisitions exercées par les alliés (1), les préten-

---

(1) Sur un ordre du général Marchand, le commandant du fort Barraux en avait ouvert les portes aux Autrichiens le 26 avril. Ceux-ci, au mépris des conventions, pillèrent tous les objets qu'ils trouvèrent à leur convenance; sur la plainte du commandant du fort, Marchand fut réduit à répondre, le 7 mai : « Monsieur, l'ennemi occupant

· tions de leurs chefs sur les propriétés nationales avaient exaspéré même les autorités. Aussi une grande partie de la population vit-elle avec répugnance flotter le drapeau blanc, et les vieilles cocardes furent conservées avec soin.

Il est presque inutile de dire que toutes les autorités de la ville, se tournant du côté du soleil levant, se hâtèrent d'adhérer à la déchéance de *Buonaparte* et d'adresser soit au comte d'Artois, lieutenant général du royaume, soit au roi Louis XVIII, des adresses de félicitations et des protestations de dévouement, et qu'il y eut enfin un grand nombre de fêtes, réjouissances et cérémonies publiques. Ainsi, le dimanche 1er mai, on chanta un *Te Deum*, et le soir il y eut des illuminations pour célébrer le rétablissement du trône des Bourbons. Le 4 mai, 101 coups de canon furent tirés pour annoncer l'heureuse arrivée du roi à Calais, le 25 avril. Louis XVIII avait fait précéder son retour d'une déclaration dans laquelle il promettait aux Français une constitution libérale et où il convoquait, pour le 10 juin prochain, le sénat et le corps législatif, devant former la chambre des pairs et celle des députés (1).

Le 22 mai, on chanta un *Te Deum* à la cathédrale en actions de grâces pour le retour du roi à Paris, et à la chute du jour, il y eut illuminations, danses et distributions de comestibles aux prisonniers.

Le 29 mai, nouvelle fête avec illuminations, feux de joie, danses publiques, pour célébrer l'arrivée dans nos murs du

---

ce fort dont vous êtes commandant d'armes, vous ne pouvez avoir le pouvoir de vous opposer à ce qu'il enlève ce qu'il voudra. J'ai l'honneur, etc. Comte MARCHAND. » — (Archives du fort Barraux.)

(1) La députation de l'Isère au corps législatif (élection du 1er mai 1809) se composait alors du baron Maurel (Jacques-Jean-Raymond), président à la cour impériale de Grenoble; de Fleury, juge de paix à Saint-Symphorien d'Ozon; de Pascal, de Voiron. Le quatrième député, Villars, président du tribunal de Vienne, était alors décédé.

comte Auguste de Juigné, commissaire extraordinaire du roi dans la 7ᵉ division militaire (1).

Le 12 juin, la proclamation de la paix et de la charte constitutionnelle eut lieu à Grenoble, suivant un programme du maire, qui fut suivi exactement. (V. pièce justificative D.)

Le 28 juin, un service solennel fut célébré à la cathédrale pour Louis XVI, Louis XVII, la reine Marie-Antoinette, la princesse Élisabeth et le duc d'Enghien. L'église fut entièrement tendue en noir, et cette cérémonie attira une foule de personnes.

Le 4 août, une députation, composée du maire de Grenoble, de Pasquier, membre du conseil général, de Piat-Desvial, juge, de Chichilianne et de Galbert fils, se rendit à Lyon pour complimenter la duchesse d'Angoulême, qui séjourna dans cette ville du 6 au 9.

Quinze jours après, le 21 août, eut lieu la bénédiction solennelle par l'évêque du drapeau que le roi avait envoyé à la garde nationale de Grenoble. A la suite de la cérémonie, un banquet avait été préparé dans la grande allée de marronniers du Jardin de Ville. La garde nationale s'y rendit ainsi que les autorités civiles et militaires. Des toasts furent portés au roi et aux princes ; il y eut mille protestations de dévouement à la famille des Bourbons.

L'événement le plus important de la fin de l'année fut l'arrivée dans nos murs, le 17 octobre, du comte d'Artois, frère du roi, venant de Valence; la réception fut des plus brillantes. Le prince fut reçu à l'esplanade de la porte de France par

---

(1) Le comte d'Artois, lieutenant général du royaume, avait ordonné, par un décret du 22 avril 1814, qu'il serait envoyé un commissaire extraordinaire du roi dans chacune des divisions militaires. Ils avaient un pouvoir discrétionnaire pour suspendre et remplacer les divers fonctionnaires publics, prendre des informations, assurer l'exécution des actes du gouvernement provisoire, etc.; de là, la cause des grands honneurs qu'on leur rendit.

le préfet et les autorités, au milieu d'acclamations universelles ; à son entrée dans la ville, son cortége se composait de la garde nationale, de sept corporations d'arts et métiers portant des bannières ornées de devises et d'emblèmes. Il passa au bruit du canon sous des arcs de triomphe si multipliés, que les autorités avaient été obligées d'en diminuer le nombre pour que la voie publique ne fût point obstruée. Après des harangues successives du maire et de l'évêque de Grenoble, le comte d'Artois arriva enfin à l'hôtel de la préfecture, où étaient réunies les dames les plus distinguées de la ville. A la chute du jour, il y eut des illuminations et toutes les montagnes se couvrirent de feux. Le prince se mit à table, et, dans le même temps, on avait formé sous ses yeux, dans le parterre du Jardin de Ville, un banquet militaire de 700 couverts ; ajoutez à cela un feu d'artifice, un ballon qui s'élevait dans les airs et une inscription de 120 pieds de long formée de ces mots : *Vive le roi! Vive Monsieur!*

Le lendemain il y eut réception de la noblesse, des chevaliers de Saint-Louis et des notables, et le prince se rendit à la cathédrale pour entendre la messe. Il visita ensuite les établissements publics. Le 19, il se rendit à quelque distance de la ville sur les terrasses du couvent de Mont-Fleury, d'où l'on peut facilement découvrir la fertile vallée de Graisivaudan ; l'après-midi il assista au tir de l'artillerie, au Polygone, dîna chez le général Marchand et passa la soirée au spectacle. Il repartit le lendemain 20 octobre, à quatre heures du matin, pour Lyon. La réception du prince fut certainement l'une des plus brillantes qui aient eu lieu dans nos murs ; l'enthousiasme fut extrême et l'on doit croire que les protestations d'amour et de dévouement à la cause royale étaient alors sincères, et, cependant, cette même population, ces mêmes fonctionnaires, pour la plupart, devaient recevoir, moins de six mois après, avec de frénétiques applaudissements, ce même Napoléon qu'on maudissait alors dans tous les discours officiels. *Maris instar mutabile vulgus!* Les deux derniers mois de 1814 et les deux premiers de 1815 se passèrent dans une paix profonde, sans autre événement notable que la célébration avec pompe, dans l'église cathédrale, de l'anniversaire de la mort de Louis XVI *(21 janvier 1815)*.

Nous arrivons maintenant au drame des Cent Jours. Nous n'avons pas à examiner quelles causes firent réussir la tentative de Napoléon. Ce qu'il faut constater, c'est qu'une vive réaction avait eu lieu dans l'opinion publique en faveur de la cause impériale, et, cependant, on doit l'avouer, les actes de Louis XVIII avaient été empreints de modération et de générosité. Dans presque toute la France, et surtout dans notre département, on avait laissé en place, sans distinction de couleur, les préfets, les commandants militaires, et en général tous les administrateurs. Comme le fait remarquer Capefigue, on n'avait rien changé dans les hommes et dans les choses de la révolution; on s'était borné à déclamer contre elle. Enfin, des coteries qui entouraient le comte d'Artois avaient blessé l'opinion publique et alarmé les propriétaires des biens nationaux.

Plusieurs jours avant les événements de mars, il courait dans Grenoble de sourdes rumeurs annonçant une révolution prochaine. Il est plus que probable que Dumoulin et Emery (Apollinaire), médecin de l'empereur (1), récemment arrivés de l'île d'Elbe, n'étaient pas étrangers à ces bruits.

Une estafette, qui avait traversé notre ville dans la nuit du

---

(1) Emery était arrivé de l'île d'Elbe avec l'empereur et l'avait précédé de deux jours à Grenoble, où, dénoncé par le général Mouton-Duverney, qui le vit à Laffrey, il fut l'objet des recherches de la police qui ne put le découvrir; il se tint caché chez Navizet jusqu'au 7 mars.

3 au 4 mars 1815 (1), avait attiré et occupé l'attention publique. Un courrier arrivé dans la soirée du 4 ne fit que l'exciter plus vivement encore; il était porteur d'une lettre de Bouthilier, préfet du Var, adressée à son collègue de l'Isère, lui annonçant l'arrivée de Napoléon à Cannes. Le préfet en instruisit immédiatement le lieutenant général Marchand, et, le lendemain 5, il fut connu de tout le monde que l'empereur avait débarqué au golfe Juan, dans le voisinage de Fréjus, qu'il était accompagné de sa fidèle garde et qu'il s'était dirigé, dès le 2, vers les Hautes-Alpes; des avis successifs ne permirent plus de douter qu'il se dirigeait vers notre ville, escorté de mille à onze cents hommes environ.

Le préfet Fourier, le lieutenant général Marchand, commandant de la 1re subdivision de la 7e division militaire, et Renauldon, maire, étaient dans ce moment sincèrement attachés à la cause des Bourbons, et, dès le 5, ils prirent des mesures sérieuses pour arrêter l'empereur dans sa marche. Ce jour-là, Marchand avait convoqué un conseil qui se tint à huit heures du matin; il était composé des généraux et officiers supérieurs; on pensa qu'il serait dangereux de passer une revue générale et de faire renouveler le serment de fidélité au roi, comme le proposait le lieutenant général; il fut arrêté que des revues partielles, faites par les chefs de corps, auraient lieu, le lendemain 6, dans chaque caserne; qu'on sonderait

---

(1) Voyez le *Journal du département de l'Isère*, n° 29, 1815, et la brochure intitulée: *Exposé de la conduite du lieutenant général Marchand, commandant en chef à Grenoble, antérieurement à l'entrée de Buonaparte dans cette ville, etc.*, par M. S.-A. Rostaing, inspecteur aux revues. Lyon, imprimerie de Kindeleur, 1815, in-8 de 38 pages. Le général Marchand a nié avec assez de vraisemblance l'arrivée de cette première estafette. Voyez le *Mémoire justificatif pour M. le comte Marchand, lieutenant général des armées du roi*, par Curasson, avocat. Besançon, imprimerie de veuve Couché, in-4 de 104 pages.

l'esprit des officiers et des soldats et qu'immédiatement après on se mettrait en marche pour aller à la rencontre de Bonaparte. En conséquence, l'ordre fut donné de préparer des vivres de campagne. (V. pièce justificative E).

Le général Marchand écrivit en même temps au maréchal de camp Devilliers, commandant à Chambéry, de se porter de suite sur Grenoble avec les 7ᵉ et 11ᵉ régiments d'infanterie de ligne dont se composait sa demi-brigade; pareil ordre fut adressé au colonel du 4ᵉ de hussards en garnison à Vienne, afin qu'il eût à envoyer dans notre ville un escadron de cent hommes d'élite. Marchand avait reçu de Valence une lettre datée du 4 et écrite par le général Mouton-Duverney, commandant de la 2ᵉ subdivision de la 7ᵉ division militaire, dans laquelle ce dernier lui annonçait qu'il dirigeait sur Grenoble le personnel d'une compagnie d'artillerie.

Le 6, les chefs de corps firent part au général des résultats de leur revue; ils avaient aperçu, disaient-ils, dans les soldats une hésitation fâcheuse, et la nouvelle de l'arrivée de Napoléon avait semblé leur causer une joie concentrée. Ceux-ci formaient en effet des vœux secrets pour l'empereur, et beaucoup d'entre eux avaient au fond de leurs sacs la cocarde tricolore; ils conservaient toutefois l'attitude de l'obéissance et de la discipline. On renonça alors à marcher en avant et il fut résolu qu'on attendrait Napoléon dans Grenoble.

Le même jour, Marchand fit lire dans les casernes, afficher dans les rues et envoya dans toute la subdivision la proclamation suivante, qui avait été approuvée par le préfet Fourier :

Soldats,

Bonaparte a débarqué sur nos côtes, et il s'avance dans l'intérieur de la France. Souvenez-vous qu'il nous a dégagés de nos serments et que nous en avons prêté d'autres au roi. Vous serez fidèles à l'honneur et à votre devoir, et cet orage sera bientôt dissipé. Nous verrons alors notre belle patrie redevenir puissante et heureuse. Si, au contraire, vous vous laissiez aller à des conseils perfides, tous les malheurs viendraient fondre sur nous; la France serait encore envahie par les armées étrangères, vos parents pillés, vos villages ravagés et nos ennemis se partageraient notre pays.

Soldats, vous connaissez vos chefs : vous savez qu'ils sont incapables de vous conduire ailleurs que sur le chemin de l'honneur. Vos chefs ont une entière confiance en vous; écoutez toujours notre voix et la patrie ne deviendra pas la proie de l'ennemi.

Dans la soirée, il fit également afficher une dépêche de Masséna, datée de Marseille, le 4 mars, portant que le lieutenant général Miollis, parti avec le 83e régiment et six compagnies d'élite, était à la poursuite de Bonaparte; cette dépêche était accompagnée d'une lettre du préfet du Var, annonçant que tout était tranquille dans le Midi.

En même temps qu'il s'efforçait ainsi d'agir sur l'opinion publique, il fit partir de Grenoble, le 6, un détachement composé du 3e bataillon du 5e régiment de ligne et d'une compagnie de sapeurs, avec ordre de se porter immédiatement à la Mure. Ce détachement était commandé par le chef de bataillon Delessart et avait pour mission principale de faire sauter le pont dit de Ponthaut, un peu au-delà du bourg, au moment où les troupes de Bonaparte se présenteraient. (V. pièce justificative F.)

De Tournadre fils, chef de bataillon du génie, était chargé de diriger les travaux nécessaires pour la destruction du pont.

Delessart, parti peu après midi de Grenoble, arriva près de la Mure à minuit et demi; mais il était trop tard pour exécuter sa mission. Napoléon, en effet, après avoir quitté Gap le 6, à deux heures de l'après-midi, était arrivé le soir à Corps, pendant que son avant-garde, commandée par le général Cambronne, occupait le même jour la Mure. Aussi, les fourriers envoyés par Delessart pour préparer les logements dans ce bourg y rencontrèrent l'adjudant-major de la garde, Laborde, qui s'était rendu à la mairie dans le même but, à la tête d'une soixantaine de chasseurs impériaux. Après quelques pourparlers, les fourriers du détachement du 5ᵉ se retirèrent pour rendre compte à leur commandant de la rencontre qu'ils venaient de faire. Cambronne envoya alors le capitaine Raoul, de l'artillerie, accompagné d'un maréchal des logis des mameluks, auprès de l'officier commandant le poste de l'avant-garde du 5ᵉ, afin de l'engager à pactiser avec l'empereur; mais on ne put réussir à le persuader. Le général y alla lui-même et on lui répondit qu'il ne pouvait communiquer. Il fit retirer alors son avant-garde de la Mure et s'établit sur le pont, qu'il garda militairement.

Delessart, se voyant prévenu, fit rétrograder sa troupe et s'arrêta à cinq heures du matin, un peu en avant du village de Laffrey, du côté de la Mure.

Napoléon suivit la même route dans la matinée (7 mars); il fut bientôt rejoint par Eymard, Dumas, Badin, Gonard, officiers en demi-solde, et par le chef d'escadron d'artillerie Rey, partis la veille ou le même jour de Grenoble. L'avant-garde impériale arriva à une heure de l'après-midi en face du détachement royaliste. Une demi-heure après parurent Napoléon et son état-major. En ce moment même arrivait à Laffrey le capitaine Randon, neveu et aide de camp du général Marchand; il avait été envoyé le matin par ce dernier auprès de Delessart, pour s'informer de ce qui se passait et donner de nouvelles instructions.

Le détachement du 5ᵉ était campé, à la sortie de Laffrey, dans une prairie qui se trouve enfermée, d'un côté, par un ruisseau venant des lacs, et, de l'autre, par la grande route. Ce fut là que le 5ᵉ se rangea en bataille, sa droite appuyée à la montagne, immédiatement derrière l'église de Laffrey, et sa gauche au ruisseau.

Napoléon essaya encore de parlementer, mais sans succès; il était entouré de plusieurs centaines de paysans qui agitaient leurs chapeaux et criaient: *Vive l'empereur!* Le détachement

du 5e, l'arme chargée au bras, gardait encore le silence et l'immobilité, lorsque Napoléon marche droit au devant de lui : *Soldats*, dit-il, *je suis votre empereur, ne me reconnaissez-vous pas! s'il en est parmi vous qui veuillent tuer leur général, me voilà!* (1) On vit alors tout le détachement, par un mouvement spontané, présenter les armes et crier : *Vive l'empereur!* Napoléon ajouta : « Soldats, en embrassant votre chef, je vous embrasse tous. » Puis, ayant fait former le carré et s'adressant surtout aux officiers, il leur dit encore, d'après le Moniteur : « Je viens avec une poignée de braves, parce
« que je compte sur le peuple et sur vous ; le trône des Bour-
« bons est illégitime, parce qu'il n'a pas été élevé par la
« nation ; il est contraire à la volonté nationale, parce qu'il
« est contraire aux intérêts de votre pays et qu'il n'existe que
« dans l'intérêt de quelques familles. »

Des cocardes tricolores furent immédiatement distribuées ; dans ce moment, quatre lanciers polonais reçurent l'ordre d'arrêter le capitaine Randon, soit parce qu'il avait commandé de faire feu (2), soit, comme le rapporte avec plus de vraisemblance le général Rey, que l'on craignît qu'il ne donnât avis de ce qui se passait à son oncle ; il se mit à fuir de toute la vitesse de son cheval. Descendant au galop la montée de Laffrey, poursuivants et poursuivi traversèrent ainsi Vizille, et le capi-

(1) Ces paroles, avec la date du 7 mars 1815, se lisent sur une tablette en marbre noir placée près du village de Laffrey, à l'endroit même où la rencontre eut lieu. D'après d'autres versions de témoins oculaires, Napoléon aurait dit : *Si quelqu'un de vous veut tuer son empereur, qu'il tire!* Et, d'après le lieutenant-colonel Laborde (voyez *Napoléon et sa Garde* et *Mémoire de l'île d'Elbe*, feuilleton du journal le *Capitole*, 1er décembre 1839) : *Soldats, voilà votre empereur : que celui d'entre vous qui voudra le tuer fasse feu!*

(2) Dans le procès criminel intenté en 1816 au général Marchand, un témoin à décharge dit avoir entendu le capitaine Randon ordonner à la troupe de faire feu, mais le chef de bataillon Delessert ne confirma pas cette déclaration.

taine ne put échapper qu'en prenant un chemin de traverse sur la route de Grenoble.

Pendant que ces événements se passaient à Laffrey, une grande agitation régnait dans notre ville. Quelques royalistes, à la tête desquels se trouvait d'Agoult, prenaient la cocarde blanche et se faisaient distribuer des armes à la mairie; on devait en former une ou plusieurs compagnies d'élite.

Le 6, au soir, les autorités continuaient à prendre des mesures contre l'événement qu'elles redoutaient. On s'occupa à mettre le rempart en état de défense, et les travaux continuèrent toute la nuit.

Le 7, le préfet se rendit au sein du conseil municipal, annonçant que, d'après une dépêche télégraphique reçue de Paris, en date du 6, le comte d'Artois se rendait à Lyon pour prendre le commandement de l'armée; il ajouta qu'on devait craindre que Grenoble ne fût bientôt attaquée, et qu'il comptait, dans tous les cas, sur la fidélité des membres du conseil. L'après-midi il harangua la garde nationale; celle-ci avait été invitée le matin même, par une proclamation du maire, à se présenter immédiatement à l'Hôtel de Ville, pour retirer les armes qui y avaient été déposées et soumises à un examen. Déjà, disait-il, plusieurs gardes nationaux ont prévenu cette invitation. Le maire ajoutait seulement : « Les circonstances néces-
« sitent que quelques postes soient occupés par la garde
« nationale; le maintien de l'ordre et de la tranquillité publi-
« que exige ce service extraordinaire. »

Le même jour, après avoir envoyé son neveu Randon à la Mure, Marchand plaça les soldats sur les remparts, et leur fit distribuer des cartouches ; les travaux de défense étaient à peu près terminés ; quarante-deux pièces de canon étaient placées en batterie et chargées à mitraille.

A midi, le général Devilliers était arrivé de Chambéry avec le 11e de ligne, commandé par le colonel Durand, et le 7e, qui avait à sa tête le colonel Labédoyère; ces deux régiments furent passés en revue sur la place Grenette par le général Marchand, qui ne fut pas très-satisfait de leur contenance. Une heure environ après, était aussi arrivé de Vienne l'escadron du 4ᵉ régiment de hussards commandé par le major Biot.

Les forces rassemblées dans Grenoble, y compris ce qui avait été envoyé en avant, se composaient, ainsi que le rapporte le général Marchand (1), de près de 3,800 hommes, savoir environ 600 hommes du 5ᵉ de ligne, commandés par le colonel Roussille; 600 hommes du 7ᵉ (colonel Labédoyère); 800 hommes du 11ᵉ (colonel Durand); 800 hommes d'artillerie à pied (colonel Gerin); 900 hommes du 3ᵉ du génie (colonel Ysoard), et 100 hussards ayant à leur tête le major Biot.

Ces troupes furent ainsi disposées sur les remparts : le 7ᵉ régiment s'étendait depuis la porte Créqui jusqu'à l'ancienne porte de Bonne; le 11ᵉ était disposé depuis cette dernière porte jusqu'à l'ancienne porte Très-Cloîtres; le 5ᵉ régiment, dont une partie avait été envoyée à la Mure, avait trois compagnies placées à la porte de Bonne, commandées par le colonel Roussille à la tête de ses grenadiers, et le reste du bataillon, placé à l'avancée de Très-Cloîtres, avait à sa tête le major Rascas; le 4ᵉ régiment d'artillerie était réparti dans les différentes batteries, et le 3ᵉ de sapeurs, dont les soldats paraissaient inspirer le plus de défiance au général, était rangé en bataille, partie à la citadelle de la place, partie dans la cour de sa caserne; les hussards étaient distribués sur les places, avec un piquet de chacun des régiments de la garnison, pour en disposer au premier ordre; la garde nationale à cheval faisait des patrouilles, tandis que les gardes nationaux à pied occupaient quelques postes de l'intérieur.

Telles étaient les mesures prises, lorsqu'un événement imprévu vint puissamment servir la cause impériale. Le 7ᵉ de

---

(1) Voyez son *Mémoire justificatif*, page 23.

ligne avait à sa tête, comme nous l'avons dit, le colonel Charles de Labédoyère. Cet officier, âgé à peine de vingt-neuf ans et plein d'enthousiasme pour Napoléon, résolut d'aller rejoindre celui qu'il regardait comme son empereur. Après avoir envoyé en avant son adjudant-major en éclaireur, il s'empara de la porte de Bonne, et sans écouter les instances et les observations du préfet, il en sortit à la tête du régiment, aigle et drapeau tricolore déployés, tambour battant et au cri de: *Vive l'empereur!* se dirigeant sur la route d'Eybens, au-devant de Napoléon. Il était alors environ trois heures de l'après-midi. Son régiment était presque complet; seulement quelques compagnies, qui avaient été retenues en ville par des distributions, étaient parties plus tard pour le rejoindre et se trouvaient à quelque distance du gros des bataillons.

Le général Devilliers passait une revue lorsqu'on vint lui apprendre cette nouvelle; il se hâta de courir sur la route d'Eybens et put faire rentrer un certain nombre de soldats qui n'avaient pas encore rejoint le régiment. Puis ayant rencontré un passant qui tenait un cheval par la bride, il s'en saisit et courut au galop sur les pas de Labédoyère; l'ayant rejoint, il le conjura de renoncer à un projet qui devait le perdre; le colonel résista, lui opposant le vœu unanime des troupes, qui était celui de la France; il l'engagea à essayer lui-même de faire rétrograder le régiment. Devilliers s'adressa alors aux soldats, mais en vain; c'est à peine si ses prières, ses ordres, ses menaces purent détacher quelques hommes, qui le suivirent avec répugnance. La plupart même désertèrent avant d'arriver à la ville.

Marchand, désespéré de cet événement, fit alors fermer la porte de Bonne et la fit palissader au-delà du pont du fossé; un bataillon du 11e remplaça le 7e dans le poste qu'il occupait.

Labédoyère continua sa marche à la tête de son régiment; ce fut à Brié qu'il rencontra Napoléon; à sa vue, il descendit de cheval et lui présenta l'aigle d'or qui lui servait d'enseigne.

L'empereur embrassa l'aigle et Labédoyère, en disant à ce dernier : « *Colonel, je n'oublierai jamais ce que vous faites pour la France et pour moi.* »

Comme on le voit, Napoléon n'était pas éloigné de Grenoble ; il n'avait pas perdu en effet une minute depuis que le détachement posté à Laffrey s'était rallié à lui ; malgré plusieurs jours de marches forcées il s'avançait avec rapidité vers notre ville, au milieu des cris d'enthousiasme de tous les paysans des environs accourus pour le voir. Ses chevaux, harassés de fatigue, s'étaient seulement reposés quelques instants à Vizille.

Ce fut entre cinq et six heures du soir que l'on apprit à Grenoble ce qui s'était passé à Laffrey ; les partisans de Napoléon ne se gênaient plus pour exprimer leurs sympathies ; même parmi les troupes, des généraux en faisant leur ronde entendirent souvent derrière eux quelques cris de : *Vive l'empereur !*

Marchand, ne jugeant pas la position tenable, donna l'ordre aux chefs de faire battre en retraite la garnison sur le fort Barraux, à deux heures après minuit ; il ne pensait pas que Napoléon pût arriver à Grenoble le même jour. Il expédia au gouvernement une dépêche contenant la relation des faits, mais l'estafette qui la portait trouva la garde de la porte de France en pleine insurrection, et cette garde refusa de la laisser passer.

A sept heures et demie du soir arriva enfin, devant l'ancienne porte de Bonne, l'avant-garde impériale composée de lanciers polonais. Bientôt l'empereur paraît lui-même, suivi de toutes les populations des faubourgs et de la banlieue, portant des torches de paille allumées et poussant les cris mille fois répétés de : *Vive l'empereur !* Quelques voix isolées répétaient ce cri parmi les soldats ; un reste de discipline enchaînait encore la garnison, et elle obéissait aux commandements donnés par les chefs, sauf à l'ordre de faire feu sur Napoléon et sur les braves qui l'accompagnaient. Quelques hommes pourtant se glissaient du haut en bas du rempart et venaient toucher la main et les vêtements de l'empereur ; d'autres en grand nombre jetaient leurs cartouches dans le fossé. A l'extérieur, après avoir renversé la palissade placée en tête du pont, la foule demandait à grands cris que l'on ouvrît la porte. Des gens des faubourgs s'étant emparés d'une pièce de sapin étendue près de là, allaient s'en servir comme d'un bélier pour l'enfoncer ; tout-à-coup, à la suite d'un mouvement sur le rempart, une terreur panique s'empare pour un instant de la foule, qui s'enfuit de tous côtés, laissant l'empereur avec sa suite seuls sur le bord du fossé ; mais bientôt, rassurée et honteuse d'avoir cédé à la crainte, elle se presse de nouveau autour de lui. Eymard, officier en demi-solde, frappe alors la porte à coups de hache ; on dit en même temps à l'empereur qu'on allait la goudronner et y mettre le feu. *C'est inutile*, répliqua-t-il, *on l'ouvrira : attendez*. Les clefs arrivèrent en effet bientôt (1) et la porte fut ouverte (2). Napoléon entra alors au milieu de l'enthousiasme et des acclamations universelles ; il était neuf heures et demie du soir, les remparts furent abandonnés en un instant, la joie des soldats tenait du délire, tous se pressaient sur ses pas, on faillit l'étouffer. Des torches éclairèrent sa marche jusqu'à la rue Montorge, à l'hôtel des Trois-Dauphins tenu par Labarre,

---

(1) D'après le lieutenant-colonel Laborde (V. *Napoléon et sa Garde)* les clefs auraient été livrées par le colonel Roussille qui attendait, pour ouvrir, le départ de Marchand ; mais d'après un témoin oculaire des événements, on disait dans Grenoble, après l'entrée de Napoléon, qu'elles avaient été apportées par le major Rascas, qui remplissait les fonctions de commandant de place.

(2) Il est certain qu'elle fut ouverte, et non pas enfoncée, comme on le dit. Ce fait nous a été attesté par plusieurs témoins oculaires. Nous avons vu nous-mêmes les traces des coups de hache. Enfin, c'est aussi par erreur qu'on a imprimé que cette porte avait été portée et offerte le soir à l'empereur.

ancien soldat d'Egypte ; c'est là qu'il avait voulu loger, et que, brisé de fatigue, il donna ses ordres pour le lendemain. Il se coucha de bonne heure, après avoir reçu le maire et avoir nommé le général Rey son officier d'ordonnance.

Dans la soirée, une grande quantité de proclamations datées du golfe Juan, adressées aux citoyens et à l'armée, avaient été répandues dans la ville et lues avec avidité par toute la population.

Peu d'heures avant l'entrée de Napoléon, quelques fonctionnaires publics avaient quitté Grenoble, entre autres le préfet Fourier, qui s'était dirigé sur la route de Lyon.

Le général Marchand, en apprenant l'arrivée de l'empereur, avait hâté le moment fixé pour la retraite des troupes sur Barraux ; il avait envoyé en conséquence des officiers de l'état-major pour porter à tous les commandants et chefs de poste l'ordre de partir sur-le-champ et de gagner avec leurs troupes la porte Saint-Laurent.

A neuf heures du soir, le général se rendit lui-même à cette porte où se trouvaient déjà réunis par son ordre trois compagnies d'artilleurs ; mais, par une dernière fatalité, elle se trouvait fermée et il fut obligé de faire sauter la serrure ; il put enfin sortir, emmenant avec lui le général Devilliers, son major Fournier, le colonel Gerin et son major Etschegoyen, le colonel Petiet, le capitaine Randon, etc., et enfin une partie du 11e régiment avec son colonel Durand.

Mais ce corps ne le suivit pas longtemps ; déjà, dans la rue St-Laurent, le capitaine Pellaprat, de la Drôme, avait commandé un mouvement de conversion, et presque tout le 3e bataillon était revenu sur ses pas. Les autres compagnies se débandèrent successivement sur la route de la Savoie, de telle sorte que les officiers supérieurs arrivèrent à Barraux et à Chambéry suivis seulement de trois tambours et du drapeau. Avant de partir, le général Marchand avait envoyé sa démission à l'empereur et s'était arrêté à sa maison de campagne de Saint-Ismier.

Le lendemain 8, Napoléon se leva de bonne heure. Il fit demander Champollion-Figeac avec lequel il eut une assez longue conversation. Il le chargea, par un arrêté spécial, de rédiger le journal du département de l'Isère; puis il travailla toute la matinée, prit une foule de mesures qui furent converties en décrets le lendemain. Il reçut ensuite la visite des autorités: le corps municipal, la cour impériale, le clergé, ayant à sa tête le vénérable évêque Claude Simon, ancien précepteur du roi Joseph; le conseil de préfecture, les tribunaux civils et de commerce, l'académie, l'état-major et les officiers à la suite furent admis successivement à lui présenter leurs hommages. Tous les fonctionnaires sortirent de l'audience pénétrés d'admiration pour le génie universel de l'empereur. On le trouva initié à toutes les branches de l'administration, s'informant des besoins du peuple, s'entretenant des améliorations à effectuer, comme s'il eût été encore à Saint-Cloud, et sans qu'on pût lire sur son visage aucune trace d'inquiétude ou même de préoccupation.

Pendant ce temps, toute la population grenobloise, rassemblée devant son hôtel et dans le jardin de la ville, faisait retentir l'air de ses acclamations. Plusieurs fois il se présenta aux croisées de son appartement; les cris de : *Vive l'Empereur! à bas les Bourbons!* redoublèrent alors. Cette scène, dont nous avons été l'un des témoins dans notre première enfance, nous impressionna vivement, et le souvenir nous en est encore tout présent.

Dans l'après-midi, sur les deux heures, il passa une première revue des troupes : les mêmes acclamations se firent entendre.

Le 9, l'empereur, maître de Grenoble, d'un parc de 200 pièces d'artillerie, de 60,000 fusils et d'une immense quantité de munitions, s'occupa avec son activité ordinaire de créer une administration et de consolider son triomphe. Sept principaux décrets, datés du 9, furent signés à Grenoble. Par le premier, tous les fonctionnaires militaires employés dans la 7ᵉ division sont confirmés; par le second, Colaud de Lasalcette, conseiller de préfecture, est nommé par *interim* préfet de l'Isère; par le troisième, son frère, le général baron de Lasalcette, est appelé au commandement de la 7ᵉ division militaire; par le quatrième, le préfet des Hautes-Alpes est destitué, et Fourier, préfet de l'Isère, est suspendu de ses fonctions; tous les deux sont tenus d'évacuer le territoire de la 7ᵉ division militaire dans l'espace de cinq jours, sous peine d'être arrêtés et traités comme ennemis de la nation; par le cinquième, l'inspecteur aux revues Rostain est destitué; par le sixième, il est décidé que la justice sera rendue au nom de l'empereur, à dater du 15 mars, dans les départements de l'Isère, des Hautes et Basses-Alpes, du Mont-Blanc et de la Drôme; il en sera de même pour les actes notariés et judiciaires. Le septième décret porte : 1° Que la garde nationale sera formée dans les départements des Hautes et Basses-Alpes, de l'Isère, de la Drôme et du Mont-Blanc; qu'elle sera organisée, conformément aux lois existantes, par les soins des commandants des départements, des préfets et des conseillers de préfecture; 2° que les places de Grenoble, Briançon, le fort Barraux, Colmar et Mont-Lion sont confiées à l'honneur et au patriotisme des habitants de la 7ᵉ division militaire.

Le major Falcon, fils du libraire, fut nommé colonel de la garde nationale de Grenoble. Les généraux Théodore Chabert et le baron Alexandre Debelle furent chargés de commander, le premier le département des Hautes-Alpes, et le second le département de la Drôme; le général Quiot, qui commandait la Drôme, fut mis à la tête d'une des brigades de la division du général Mouton-Duvernet.

Vers neuf heures du matin, l'empereur passa sur la place Grenette la revue générale de toutes les troupes, au milieu des flots d'une population empressée; il était vêtu du petit chapeau et de la redingote grise historiques. Il serait difficile de dépeindre l'enthousiasme général. On fit la remarque que les 4,000 hommes passés en revue étaient à peu près tous parés d'une cocarde tricolore vieille et usée. Ils n'avaient fait que la sortir du fond de leurs sacs où elle était conservée (1).

Immédiatement après la revue, vers les onze heures du matin, la garnison se mit en marche forcée pour se porter sur Lyon. L'empereur quitta également Grenoble vers les quatre heures du soir, après avoir fait afficher la proclamation suivante adressée aux habitants de l'Isère :

Citoyens,

Lorsque dans mon exil j'appris tous les malheurs qui pesaient sur la nation, que tous les droits du peuple étaient méconnus, et qu'il me reprochait le repos dans lequel je vivais, je ne perdis pas un moment ; je m'embarquai sur un frêle navire, je traversai la mer au milieu des vaisseaux de guerre de différentes nations ; je débarquai sur le sol de la patrie, et je n'eus en vue que d'arriver avec la rapidité de l'aigle dans cette bonne ville de Grenoble, dont le patriotisme et l'attachement à ma personne m'étaient particulièrement connus.

Dauphinois! vous avez rempli mon attente!

---

(1) Voici en quels termes le *Moniteur* rendait compte des dispositions des esprits à Grenoble, à la nouvelle de l'approche de Napoléon :

« Paris, 8 mars 1815.

« Les lettres de Grenoble en date du 5 au matin annoncent qu'au
« moment où la nouvelle du débarquement s'est répandue dans la
« ville, un grand nombre d'habitants se sont portés à l'état-major de
« la garde nationale, pour se faire inscrire sur les contrôles et faire
« le service actif; la cocarde blanche a été spontanément reprise et
« les cris de : *Vive le roi!* se sont fait entendre de toutes parts. Les
« troupes qui composent la garnison ont partagé ce mouvement.
« Elles se sont montrées animées du meilleur esprit, pleines d'ardeur
« et de fidélité et d'une confiance absolue dans leurs chefs, qui secon-
« dent avec un zèle digne d'éloges les sages dispositions prises par le
« lieutenant général Marchand. L'union la plus parfaite règne entre
« les troupes et la garde nationale, entre les chefs militaires et l'admi-
« nistration. »

J'ai supporté, non sans déchirement de cœur, mais sans abattement, les malheurs auxquels j'ai été en proie il y a un an ; le spectacle que m'a offert le peuple sur 'mon passage m'a vivement ému. Si quelques nuages avaient pu arrêter l'opinion que j'avais du peuple français, ce que j'ai vu m'a toujours convaincu qu'il était digne de ce nom de *grand peuple*, dont je le saluai il y a plus de vingt ans.

Dauphinois ! sur le point de quitter vos contrées pour me rendre dans ma bonne ville de Lyon, j'ai senti le besoin de vous exprimer toute l'estime que m'ont inspirée vos sentiments élevés. Mon cœur est tout plein des émotions que vous y avez fait naître ; j'en conserverai toujours le souvenir.

Signé : Napoléon.

Par l'empereur :
Le grand-maréchal faisant fonctions de major général de la grande armée,
Signé : Bertrand.

Napoléon alla coucher le même jour à Bourgoin. D'après ce que rapporte le général Rey, comme souvenir de sa haute bienveillance pour la ville de Grenoble, il promit l'établissement d'une école de médecine dans cette ville et l'affectation pour cet objet d'une somme de 35,000 francs.

Les trois premières compagnies du bataillon *sacré*, formé d'officiers et sous-officiers dévoués à l'empereur, partirent également. Ce bataillon avait été organisé par les soins de l'adjudant général Auguste Debelle. Il était suivi d'une foule de jeunes volontaires dont le sous-lieutenant Badier avait formé, la veille, le noyau à la Mure, et qui s'était considérablement accru à Grenoble. Grand nombre de communes, et surtout celle de Vizille, imitèrent cet exemple. Le préfet Fourier, entraîné par l'enthousiasme général et comprenant qu'il fallait se soumettre à la volonté nationale, alla rejoindre Napoléon à Bourgoin. Il y fut bien accueilli. L'empereur pardonna son hésitation, et après son entrée triomphante à Lyon le 10 mars, il le nomma comte et préfet du Rhône (11 mars). On sait enfin qu'à la suite de la défection générale de toutes les troupes qui lui étaient opposées, Napoléon rentra au palais des Tuileries le 20 mars.

Après son départ de Grenoble, les principaux habitants de cette ville lui envoyèrent à Lyon l'adresse suivante :

Sire,

Les habitants de Grenoble, fiers de posséder dans leurs murs le triomphateur de l'Europe, le prince au nom duquel sont attachés tant de souvenirs glorieux, viennent déposer aux pieds de Votre Majesté le tribut de leur respect et de leur amour.

Associés à votre gloire et à celle de l'armée, ils ont gémi avec les braves sur les événements funestes qui ont quelques instants voilé vos aigles.

Ils savaient que la trahison ayant livré notre patrie aux troupes étrangères, Votre Majesté, cédant à l'empire de la nécessité, avait préféré l'exil momentané aux déchirements convulsifs de la guerre civile dont nous étions menacés.

Aussi grand que Camille, la dictature n'avait point enflé votre courage et l'exil ne l'a point abattu.

Tout est changé : les cyprès disparaissent; les lauriers reprennent leur empire; le peuple français, abattu quelques instants, reprend toute son énergie. Le héros de l'Europe se replace à son rang; la grande nation est immortelle.

Sire, ordonnez! vos enfants sont prêts à obéir : la voix de l'honneur est la seule qu'ils suivront.

Plus de troupes étrangères en France; renonçons à l'empire du monde, mais soyons maîtres chez nous.

Sire, votre cœur magnanime oubliera les faiblesses; il pardonnera à l'erreur; les traîtres seuls seront éloignés, et la félicité du reste fera leur châtiment.

Que tout rentre dans l'ordre et obéisse à la voix de Votre Majesté; qu'après avoir pourvu à notre sûreté contre les entreprises des ennemis de l'extérieur, Votre Majesté donne au peuple français des lois protectrices et libérales, dignes de son amour envers le souverain qu'il chérit.

Tels sont, Sire, les sentiments des habitants de votre bonne ville de Grenoble; que Votre Majesté daigne en agréer l'hommage.

D'autres adresses, signées par divers corps de troupes (le 2ᵉ bataillon du 5ᵉ de ligne, le 39ᵉ et le 49ᵉ de ligne), lui furent également envoyées de Grenoble. Plus tard, l'académie de Grenoble fit parvenir à l'empereur l'adresse suivante :

SIRE,

Lorsque, par un dévouement sans exemple, vous consentîtes à un exil pour épargner des malheurs à la patrie, la France accepta en gémissant cet héroïque sacrifice. On ne lui sut point gré de sa résignation. Les vingt-cinq années de combats livrés et de triomphes obtenus pour conquérir et affermir les droits imprescriptibles des peuples, furent regardées comme vingt-cinq années de révolte. Les mêmes droits ravis ou méconnus; l'Etat déclaré la propriété de son chef; le vote législatif attribué exclusivement à l'extrême opulence; nos héros privés des récompenses acquises au prix de leur sang; le corps enseignant ébranlé dans ses bases; l'émission de la pensée soumise à des entraves; les propriétés nationales menacées; la féodalité reprenant une nouvelle vie.....: tout fixa bientôt et constamment les regards de la patrie vers cette île désormais si célèbre, où était l'objet de ses vœux les plus chers.

Vous parûtes : elle se hâta de vous tendre les bras. Elle eût été satisfaite lors même qu'elle n'eût trouvé qu'un libérateur; vous êtes allé au-devant de ses espérances. A peine arrivé dans cette ville de Grenoble, inscrite la première dans les fastes de la liberté française, vous avez proclamé de vous-même le retour à toutes les idées libérales. Ce mot seul indique à la France sa destinée future. Il lui annonce que vous allez réparer les maux que nous venons de retracer; et déjà vous avez solennellement déclaré que la nation n'appartient pas au trône, et vous l'avez appelée elle-même à réviser ses lois fondamentales. Elle peut donc se reposer avec confiance sur tout ce que vous ferez pour accomplir ce grand œuvre, de concert avec ses représentants.

Et qui doit, Sire, plus que le corps académique de Grenoble, être pénétré de cette confiance? Honoré d'un long entretien avec V. M., entretien dont il ne perdra jamais le souvenir, il a vu avec admiration que le héros du monde était aussi l'administrateur le plus éclairé. Sciences, arts, littérature, économie politique, éducation publique et privée, histoire, législation, et jusqu'à ces formes de la procédure dont l'examen est si aride, rien de ce qui peut aider un prince à faire le bonheur d'un vaste empire ne vous est étranger.

Veuillez agréer, Sire, les félicitations sincères que nous adressons à V. M. sur son heureux retour, ainsi que les vœux ardents que nous formons pour votre propre bonheur, pour celui de l'auguste fille des

Césars, et pour ce rejeton précieux à qui nous souhaitons que vous ayez le loisir de servir vous-même d'instituteur.

Le corps académique de Grenoble,

Srs Des Guidi, inspecteur de l'académie ; Berriat-Saint-Prix, professeur de procédure et doyen par *interim* de la faculté de droit ; Bally, professeur suppléant à la faculté de droit ; Cheminade, secrétaire général de la faculté de droit ; Chabert, doyen et professeur de mathématiques appliquées à la faculté des sciences ; Bret, professeur de mathématiques transcendantes à la faculté des sciences ; Bilon, professeur des sciences physiques à la faculté des sciences ; J.-J. Champollion-Figeac, doyen et professeur de littérature grecque à la faculté des lettres ; Faguet, professeur de littérature française à la faculté des lettres ; Lesbros, professeur de philosophie à la faculté des lettres ; Baston-Lacroix, professeur de littérature latine à la faculté des lettres ; J.-F. Champollion le Jeune, professeur d'histoire à la faculté des lettres ; Pal, recteur de l'académie ; Pal fils, secrétaire général de l'académie.

Grenoble, le 25 mars 1815.

On doit mentionner aussi une adresse de Rey (Joseph), de Grenoble, président du tribunal civil de Rumilly, remarquable par sa hardiesse et son esprit démocratique.

Conformément aux ordres donnés, tous les régiments qui se trouvaient dans la Savoie et dans le Dauphiné étaient allés rejoindre l'empereur, pour former ce qu'on appelait la grande armée. Ils étaient accompagnés d'une foule de volontaires. Cette circonstance favorisa pendant quelque temps le succès de la réaction royaliste qui se manifesta dans le Midi.

Le duc d'Angoulême était à Bordeaux au moment de l'arrivée de Napoléon en France. D'après les ordres du roi, il se porta rapidement dans le Midi, souleva les gardes nationales des Bouches du Rhône, de Vaucluse et d'une partie du Languedoc, et les amalgamant en partie avec plusieurs régiments de ligne en garnison dans ces pays, afin de prévenir les défections, il marcha sur Lyon. Avec le dessein de se rejoindre dans cette ville, l'armée royaliste partie d'Avignon se divisa en deux corps principaux ; l'un, commandé par le duc d'Angoulême, suivit la route de Valence ; l'autre, sous les ordres du général Ernouf, devait se porter sur Grenoble par les montagnes de Gap. Le premier corps occupa Montélimar, sans résistance, le 29 mars. Debelle, commandant de la Drôme, qui n'avait à opposer aux royalistes qu'une poignée de gardes nationaux et quelques hommes de la ligne, fut repoussé en avant de cette ville le 30 mars ; il ne fut pas plus heureux le 2 avril en voulant défendre le passage du pont de la Drôme. Ses montagnards, conduits par des officiers en demi-solde et soutenus seulement par deux pièces de canon, par quelques hussards du 4e et par un bataillon du 39e, ne purent résister au choc de plusieurs régiments. Le 3 avril, le duc d'Angoulême entrait à Valence, puis à Romans, et poussait des reconnaissances jusqu'aux Fauries, à deux lieues au delà, sur la route de Grenoble.

Le deuxième corps occupa d'abord Sisteron le 27 mars ; sur le bruit de sa marche, Théodore Chabert, commandant des Hautes-Alpes, partit à la hâte de Grenoble, à la tête de quelques compagnies de gardes nationaux et de 400 hommes formant presque toute la garnison de cette ville, et vint se poster le 29, au lieu dit les *Travers de Corps*, dans une forte position, après avoir appelé à lui les gardes nationaux de la Mure et de Vizille. Les volontaires de la Motte, aidés bientôt de ceux de Vizille, avaient barricadé le pont de Cognet et gardaient le défilé. Ceux de la Mure occupaient un point important au dessus de la croix d'Aspres-lez-Corps, tandis qu'un détachement de gardes nationaux de Corps s'était porté sur la sommité de la montagne, armé d'instruments propres à en détacher des blocs de pierre pour écraser l'ennemi.

A Grenoble, l'on avait pris des mesures vigoureuses pour résister aux royalistes ; dès le 15 mars l'autorité fit fermer les portes de la ville à huit heures et demie du soir ; les remparts furent armés de pièces de canon ; une foule de volontaires se dirigèrent du côté du Rhône pour rejoindre le corps d'armée de Grouchy, qui marchait contre le duc d'Angoulême. Le 22 mars la garde nationale avait envoyé une adresse aux volontaires marseillais (V. pièce justificative G). Le 30 on composa une compagnie d'éclaireurs formée, sur leur demande, de jeunes gens qui, par leur âge et leurs fonctions, ne faisaient pas partie de la garde nationale.

Après avoir occupé Sisteron le 27, le général Ernouf, commandant de l'armée royaliste, divisa ses troupes en deux colonnes qui se mirent en marche le 30 mars. L'une, qui avait à sa tête le maréchal de camp Gardanne, et qui se composait du 58e régiment de ligne, de quelques compagnies du 87e, d'un bataillon de gardes nationales du midi et d'une compagnie d'artillerie, s'empara sans résistance de Gap, et devait se diriger sur Saint-Bonnet. La deuxième colonne, formée de gardes nationaux marseillais et du 83e, commandée par le comte de Loverdo, maréchal de camp, entra dans le département de l'Isère par la route de Serre et d'Apremont, en traversant le col de la Croix-Haute ; de là il menaçait également la Mure et le Monestier de Clermont. Le général Chabert pouvait être ainsi pris entre deux feux, et sa retraite sur Grenoble devenait impraticable.

Aussitôt que l'on apprit dans cette ville (1er avril) que le corps de Loverdo menaçait le Monestier de Clermont, l'on dirigea immédiatement sur ce dernier point un détachement du 55e de ligne, et aussitôt la garde nationale de Grenoble demanda à marcher. Plusieurs compagnies se réunirent spontanément ; ayant à leur tête leur colonel, elles se portèrent en avant jusqu'à Vif, et ne rentrèrent que le lendemain avec la troupe de ligne, lorsqu'on apprit officiellement la retraite de l'ennemi. L'enthousiasme, à cette occasion, avait été extrême, toute la garde nationale demandait à marcher, et, pour limiter le nombre des hommes qui voulaient se porter en avant, on fit fermer les portes pour ne laisser sortir que ceux qui avaient été désignés. Le même entraînement s'était fait remarquer dans toutes les communes rurales.

Cette résistance, les proclamations répandues de tous côtés, les cris de : *Vive l'empereur!* qui retentissaient partout, les exhortations et les railleries des paysans avaient démoralisé la troupe de ligne de l'armée royaliste, qui ne se battait du reste qu'à contre-cœur depuis qu'elle ne se sentait plus, comme dans le midi, appuyée par une partie de la population. Il y eut bientôt défection. Le 58e de ligne, avec son chef, le général Gardanne, se rangea le premier, le 31 mars, sous l'aigle de Napoléon ; il fit son entrée à Grenoble le 2 avril. A cette nouvelle, Loverdo s'était hâté de battre en retraite en revenant sur ses pas ; mais le régiment qu'il commandait, le 83e, fit défection à son tour, le 2 avril, et se rendit de Gap dans notre ville, le 7, ayant à sa tête le général Chabert. Loverdo et le général Ernouf se hâtèrent d'évacuer le Dauphiné, emmenant seulement les gardes nationaux du midi et quelques soldats de la ligne qui achevèrent d'être dispersés au combat de la Saulce, le 8.

Bientôt on apprit officiellement l'entrée des troupes impériales à Valence, le 7, et l'arrestation du duc d'Angoulême, le 8, à onze heures du matin. Les volontaires grenoblois, revenant de Valence, rentrèrent dans nos murs le 13 et le 14, aux cris de : *Vive l'empereur!* Un détachement de la garde nationale se porta à leur rencontre. Ces événements avaient vivement agité notre population. Les proclamations suivantes du commandant Colaud de Lasalcette et du maire de la ville parvinrent à calmer les esprits :

Habitants de Grenoble,

Restez calmes et tranquilles, soyons assurés du succès de notre cause, respectons très-scrupuleusement les personnes et les propriétés.

Je veillerai à vos intérêts, à votre repos, avec toute la sollicitude que vous devez attendre d'un concitoyen.

Nous avons promis à l'Empereur de lui conserver une des clefs de l'empire, cette ville où sont réunis des approvisionnements et des munitions de guerre que nos ennemis voudraient employer contre nous.

Serrons-nous, Dauphinois; que tous les amis de la liberté fassent taire l'esprit de parti, s'il en existait, et pensons que la fermeté, la sagesse et la confiance peuvent seules nous faire triompher.

Brave garde nationale de Grenoble, que vos rangs se grossissent de tout ce qui peut porter une arme; les pères de famille veilleront à la tranquillité intérieure, les jeunes gens et les troupes de ligne seront seuls sur les remparts quand la défense commune l'exigera.

Ecartons toute mesure exagérée; les officiers supérieurs formeront près de moi un conseil de défense, l'accord le plus parfait sera le résultat de nos délibérations; rien d'utile ne sera négligé.

Au quartier général, à Grenoble, le 4 avril 1815.

Le lieutenant général commandant la 7e division militaire,

Baron Lasalcette.

Le Maire de la ville de Grenoble, chevalier de la Légion d'honneur, aux Habitants de Grenoble.

Des inquiétudes se sont manifestées : on a craint un instant que des armes ne fussent déposées dans des lieux secrets; des officiers de police, assistés de détachements de la garde nationale, ont fait à ce sujet les plus scrupuleuses recherches; il a été reconnu que les craintes étaient dénuées de tout fondement; et néanmoins ces recherches se reproduiront toutes les fois que la sûreté et la tranquillité publiques l'exigeront.

Habitants de Grenoble, soyez convaincus que vos magistrats ne cessent point de veiller au salut public; mais rendez-les forts de votre assentiment : la moindre atteinte portée à l'union qui règne parmi nous deviendrait une espérance pour nos ennemis. Au nom de cette tranquillité, de cette paix vers laquelle tendent tous nos vœux, que chacun de vous reprenne ses occupations ordinaires, et continuons à donner cet exemple de calme et de sécurité qui, dans toutes les circonstances, a heureusement distingué les habitants de Grenoble.

Fait à Grenoble, en l'Hôtel de ville, le 6 avril 1815.

Le baron Renauldon.

Des dangers bien plus sérieux menaçaient la France : le Congrès de Vienne avait déclaré Napoléon hors du droit public et social; l'Europe s'apprêtait à marcher contre lui, appuyée sur onze cent mille baïonnettes. Pour résister à cette invasion, qui rappelle celle des barbares du moyen-âge, il fallait exciter le patriotisme de la nation, il fallait des prodiges d'activité et des mesures énergiques pour créer des armées et tout un matériel. Le génie de Napoléon pourvut à tout. On comprend qu'il n'entre pas dans le cadre de cette narration locale de faire l'historique de ces préparatifs ; nous dirons seulement que des commissaires extraordinaires furent envoyés dans les divisions militaires pour organiser la résistance à l'ennemi ; que l'on rappela tous les militaires en congé ou en retraite ; que l'on requit la conscription de 1815 ; que partout les gardes nationales furent organisées et exercées; que l'exportation des armes et des chevaux fut défendue, etc. Les chambres de Louis XVIII furent dissoutes et les colléges électoraux convoqués en assemblée extraordinaire du *Champ de mai*. Une ligue sainte, sous le nom de *féderation*, s'organisa dans les principales provinces pour résister jusqu'à la mort à l'invasion de l'ennemi, et défendre l'honneur et l'indépendance de la patrie ; enfin Napoléon avait rédigé et soumis à l'acceptation du peuple français l'*Acte additionnel aux Constitutions de l'Empire*.

Pendant ce temps-là il avait pu organiser une armée de 300 mille combattants ; nous venons de dire que l'Europe coalisée lui en opposait onze cent mille.

Revenons aux événements de notre ville. Bien avant les décrets du 5 et du 10 avril, notre garde nationale avait été complétement réorganisée ; dès le 24 mars chaque homme avait dû se procurer, dans le plus bref délai, un chapeau, un sabre et une giberne.

Le 9 avril, à 10 heures du matin, le baron Bourdon de Vatry, nommé par l'empereur commissaire extraordinaire dans la 7ᵉ division militaire, arriva dans nos murs. Après avoir fait chanter, le 11, un *Te Deum* à la cathédrale en actions de grâces de la dispersion des insurgés du midi, il fit un appel au patriotisme des habitants et des gardes nationaux de la 7ᵉ division militaire, dans deux proclamations datées du 13. Par un arrêté du 19 il pourvut à l'approvisionnement des principales places de la 7e division militaire ; les contribuables durent faire l'avance des sommes nécessaires à cette dépense. Le même jour il se rendit à Chambéry. Nous reçûmes également le 24 la visite inattendue du maréchal Grouchy, qui partit le lendemain pour la Savoie.

Peu de temps après, conformément au décret du 22 avril, on procéda à l'organisation des corps francs dans tout le département.

Le 1er mai, des registres destinés à recevoir les votes sur l'acte additionnel furent déposés à la mairie, aux greffes et dans les études des notaires, et se couvrirent rapidement de signatures. On compta dans l'arrondissement de Grenoble 9,683 acceptations, et seulement 31 votes négatifs.

A la même époque, Bourdon-Vatry, commissaire extraordinaire, jugea convenable de modifier le personnel de la municipalité de Grenoble. Giroud, receveur général, fut nommé maire; Perrin (Romain-Yves), avocat à la cour, premier adjoint, et Ducruy, président du tribunal de commerce, deuxième adjoint. Le reste du conseil municipal se composait des membres suivants :

De Barral, premier président à la cour impériale ; Trousset, conseiller à la cour; Durand (Charles), négociant ; Renard, payeur général de la 7e division militaire; Verney, (Claude), propriétaire; Duport-Lavillette, avocat; Perreton (Gabriel), conseiller à la cour; Michal, avocat; Fournier, docteur en chirurgie; Trouilloud, ancien notaire; Chanrion, juge de paix du canton sud-est; Blanc, avocat; Bertier, juge de paix du canton est; Rivier, notaire; Breton, pharmacien; Michoud, conseiller à la cour; Perrard, conservateur des hypothèques; Hache-Lagrange, propriétaire; Jayet fils aîné; Laurent-Duchêne, juge au tribunal de première instance; Thibaut, gantier; Mérand (Antoine), cultivateur; Baré aîné, ancien entrepreneur; Bernard (Pierre), liquoriste; Blanc, gantier; Mounier (Henri), négociant; Bardousse (Esprit), avocat; Hélie, avoué à la Cour; Bonin, ferblantier; Gaillard, négociant.

Cette nouvelle municipalité fut installée le 5 par le préfet par intérim, Colaud de Lasalcette. Le 8, le nouveau maire fit afficher la proclamation suivante :

> Concitoyens, en acceptant les honorables fonctions auxquelles nous venons d'être appelés par M. le commissaire extraordinaire de sa Majesté Impériale, nous avons moins consulté nos forces que notre devoir; nous avons pensé que dans les circonstances actuelles il n'y avait pas de rôle intermédiaire entre la lâcheté et le dévouement à la chose publique; tels sont les sentiments de vos nouveaux administrateurs, ou plutôt telle est la profession de foi de tout bon Français.
> Parfois on se permet de répandre des bruits alarmants, mais dont l'absurdité est si choquante, que l'autorité dédaigne d'avoir recours aux mesures de répression. Croyez cependant que notre vigilance en découvrira toujours la source et que nous aurons le courage d'en paralyser les effets dès le moment qu'ils pourraient devenir nuisibles à l'intérêt national. Dans tous les cas, nous aurons soin de vous informer de tous les événements de quelque importance, de provoquer votre zèle et votre concours pour coopérer au succès d'une cause qui est celle de tous les peuples.

Les préparatifs de résistance à l'ennemi se continuaient avec activité dans la 7ᵉ division militaire. Des instructions ministérielles pour faire la guerre de partisans étaient affichées partout. Le lieutenant général Théodore Chabert, chargé par l'empereur de l'organisation des gardes nationales mobiles, accomplissait sa mission avec une ardeur infatigable. Vingt-un bataillons, présentant un effectif de quinze mille combattants, ne tardèrent pas à être levés dans le département; deux compagnies sédentaires d'artillerie se formèrent dans Grenoble; ensuite d'un décret du 5 mai plusieurs bataillons, sous le nom de *chasseurs des Alpes,* furent créés dans la 7ᵉ division militaire; l'armement de ce corps était celui des dragons. Déjà la garde nationale mobile était organisée dans notre ville et prête à marcher; du 9 au 12 mai cinq bataillons quittèrent nos murs pour se diriger sur Briançon.

Par décret du 4 mai, Bourdon-Vatry avait été nommé préfet de l'Isère; il entra en fonctions le 13 mai; il fut remplacé, comme commissaire extraordinaire de la 7ᵉ division militaire, par le comte Rœderer, arrivé à Grenoble le 12.

En exécution du décret impérial du 22 avril, les membres du collége électoral du département se réunirent à Grenoble et nommèrent, le 12 mai, députés à la chambre des représentants: Charles Sappey, ancien député de l'Isère au corps législatif; Lucien Bonaparte, Duport-Lavillette, avocat, et Renauldon, ancien maire.

Lucien Bonaparte, étant absent du département, eut pour suppléant Duchêne. Le collége électoral d'arrondissement, réuni le même jour, choisit pour député Perreton (Gabriel), conseiller à la cour impériale (1).

Cependant tout se préparait pour la guerre. Les armées des puissances coalisées s'ébranlaient de toutes parts; une lutte terrible allait commencer. Les patriotes de plusieurs villes avaient senti le besoin de se réunir et de se lier entre eux par des liens plus intimes; de là la formation à Paris, dans la Bretagne, le Lyonnais, la Bourgogne et dans d'autres provinces, de *fédérations*, sorte d'association de membres liés entre eux par un engagement solennel pour la défense de la patrie et de la liberté.

La ville de Grenoble ne pouvait pas rester en arrière dans cet élan patriotique; le 21 mai, une commission provisoire, composée de Giroud, maire, *président;* Ovide-Lallemant, mé-

---

(1) Les autres députés élus furent Perrin (Romain-Yves), Mermet (Thomas), greffier du tribunal de commerce de Vienne, et Odier-Laplaine, sous-inspecteur aux revues. Perrin eut pour suppléant Roche (Jean-Baptiste), avocat; celui de Perrin fut Gerard (Victor), juge de paix de Tullins.

decin, *vice-président;* Giroud fils, Trouilloud, *commissaires;* Champollion le Jeune, Bougy, *secrétaires*, proposa les bases d'une fédération dauphinoise, dans une adresse envoyée aux habitants de l'Isère, de la Drôme, des Hautes-Alpes et du Mont-Blanc ; cette adresse avait été approuvée par le préfet et le comte Rœderer. Ce dernier écrivit à la commission une lettre où, à propos des regrets exprimés par elle d'avoir été devancée dans le projet de fédération par les Bretons et les Lyonnais, il s'exprimait ainsi :

« Mais est-il vrai que vous ayez été prévenus par d'autres pour une fédération ? Qu'est-ce donc que ces quarante batail« lons de garde nationale d'élite que l'on vient de former à « Grenoble ? Que sont donc ces jeunes Français qui, depuis un « mois, accourent ici des bords de la Drôme et de l'Isère, du « Mont-Blanc et des Hautes-Alpes, pour demander des armes ; « qui s'annoncent de loin par des acclamations de *vive l'em« pereur*, par des défis à l'étranger, par des chants patrioti« ques ; qui arrivent la tête haute, le visage riant, se tenant « par les mains comme les enfants d'une même famille ? Ne « sont-ils pas liés par l'amour du prince et de la patrie, par « l'honneur, par les engagements d'une mutuelle affection et « d'un dévouement réciproque dans les périls communs ; en « un mot, ne sont-ils pas liés, sans le savoir, par une étroite « et intime fédération ? »

Le bureau provisoire invita tous les bons citoyens à signer le pacte fédératif déposé à la mairie, de sept heures du matin à six heures du soir. L'assemblée générale des fédérés de Grenoble eut lieu le 24 mai, dans une salle de l'Hôtel de Ville. Après avoir entendu plusieurs discours patriotiques, elle nomma au scrutin secret vingt et un membres destinés à composer le *bureau central de la fédération dauphinoise*. Ces membres étaient Giroud, maire, *président;* de Barral, premier président de la cour impériale, *vice-président;* Berriat Saint-Prix, professeur à la faculté de droit, *suppléant;* Champollion le Jeune, professeur à la faculté des lettres ; Bougy, lieutenant de la garde nationale ; Rivier, notaire, lieutenant de la garde nationale, *secrétaires ;* Durand (Charles), négociant, *trésorier ;* Chanrion, juge de paix ; Hélie, avoué, chef de bataillon de la garde nationale ; Bilon fils, docteur en médecine, professeur à la faculté des sciences ; Trouilloud, propriétaire ; Boissonnet, conseiller de préfecture ; Ovide-Lallemant, docteur en chirurgie ; Giroud fils, lieutenant de la garde nationale ; Giroud, notaire ; Reboul, inspecteur des contributions directes ; Michoud, conseiller à la cour impériale ; Jayet aîné, propriétaire ; Barral, colonel du génie ; Fournier, docteur en chirurgie ; Bois, avocat, *membres du bureau.*

Bientôt la fédération compta un grand nombre de citoyens de la ville et des environs, qui s'empressèrent d'y adhérer en signant le pacte fédératif déposé à l'Hôtel de Ville. Des commissaires se portèrent dans les départements voisins pour y recueillir de nouvelles adhésions. Hélie, Boisset et Rivier furent désignés pour la Drôme, et partirent le 1er juin ; ils affilièrent à la fédération Tullins, Saint-Marcellin et Valence ; dans cette dernière ville se trouvait déjà réunie une commission fédérative. La députation destinée au département des Hautes-Alpes, composée de Genevois, Remusat, Chavasse et Allier fils, se rendit à Gap et accomplit parfaitement le but de sa mission. Il en fut de même pour la députation destinée au département du Mont-Blanc, département qui comprenait une portion de la Savoie actuelle. Ces députés étaient Pellat, avoué ; Gabourd, Longchamp et Virard, avoué ; ils partirent le 12 juin de Grenoble. Le 3 juin, le premier bataillon d'élite de la garde nationale active de l'Isère, revenu le 28 mai de Briançon à Grenoble, vint signer en masse le pacte fédératif, conduit par son chef Pellapra de Lolle (1).

---

(1) Il parut à cette époque, en juin, à Grenoble, sous le titre de : *Bulletin des fédérations de l'empire* et de *Feuilleton du journal de*

Beaucoup de citoyens qui ne pouvaient payer de leur personne acquittèrent leur dette envers la patrie par des dons patriotiques. Les élèves du lycée s'étaient cotisés eux-mêmes et avaient envoyé à l'empereur, le 13 mai, une somme de 400 fr. avec une adresse ainsi conçue :

SIRE,

Les élèves du lycée de Grenoble n'ont point cessé, pendant votre absence, de manifester hautement leur amour pour notre belle France, et leur attachement pour votre personne.

Aujourd'hui qu'ils peuvent s'honorer de leur constance, ils viennent renouveler à Votre Majesté l'expression de ces sentiments.

Ils osent vous supplier de leur rendre les armes dont on les a privés, de vouloir bien y joindre un guidon aux couleurs nationales, et de leur permettre de verser la somme de 400 fr. dans le trésor de l'Etat.

Daignez croire, Sire, que si nos bras n'ont point encore la vigueur nécessaire pour défendre notre pays et notre souverain, nos cœurs n'en battent pas avec moins de force pour la patrie et pour l'empereur.

Le 1er juin, à Paris, Napoléon prêta serment à la nouvelle Constitution dans la solennelle assemblée du Champ de Mai, où les aigles furent distribuées aux régiments.

Le 3 juin eut lieu la première réunion de la chambre des représentants ; elle renfermait des éléments hostiles à l'empereur qui se déchaînèrent plus tard. Le 12 juin, Napoléon quitta Paris, et partit pour la Belgique à la tête de son armée.

Les préparatifs de défense, dans l'éventualité d'un siége, avaient été commencés à Grenoble dès les premiers jours de mai. On avait coupé les arbres qui se trouvaient dans les fossés de la place, à côté de l'ancienne porte de Bonne, et on avait recreusé les cunettes. Le 24 mai, la ville fut mise en état de siége, et les portes durent être fermées à neuf heures du soir. Un vétéran des guerres de la république, le maréchal de camp

---

l'Isère contenant les actes de fédération de l'empire, un petit journal dont nous ne connaissons que cinq numéros ; le dernier est du 25 juin.

Motte-Robert, baron de l'empire, avait été nommé commandant supérieur de la place de Grenoble en état de siége et du département de l'Isère. Le 26 juin, par ordre de Suchet, il fut remplacé dans ce dernier commandement par Debelle (Auguste). Comme on manquait d'argent pour l'approvisionnement des places et les autres dépenses de la guerre, des arrêtés du préfet, en date des 22 et 28 juin, ordonnèrent la perception d'un fonds spécial égal au cinquième des contributions.

Les jeunes gens, élèves de la faculté des sciences de Grenoble et candidats à l'école polytechnique, demandèrent le 1er juin qu'une pièce d'artillerie fût confiée à leur patriotisme ; cette demande leur fut accordée par le baron Lasalcette. A cette même époque, trente élèves internes du lycée s'exerçaient tous les jours à la manœuvre du canon ; c'était un de leurs anciens camarades qui dirigeait leur instruction.

Sur l'invitation de M. le préfet, les curés des diverses paroisses de la ville s'adressèrent, le 4 juin, aux personnes charitables, afin de préparer de la charpie destinée au pansement des blessés.

Le 8 juin, la municipalité donna ordre aux habitants de s'approvisionner de vivres pour six mois, sous peine d'expulsion de la place ; elle dressa, en outre, un rôle des citoyens qui devaient concourir à l'organisation d'un grenier d'abondance à établir dans la ville, afin de pourvoir aux besoins de ceux qui n'auraient pas pu compléter leur approvisionnement. Ces derniers devaient payer ces grains au taux fixé par la mercuriale qui aurait précédé l'investissement de la ville ; peu après, ce grenier fut formé.

Le premier bataillon des gardes nationales mobilisées de l'Isère ainsi qu'une foule de volontaires avaient demandé à travailler aux fortifications de Grenoble, et leur offre avait été acceptée ; dès le 13 juin, ils prirent une part active à l'achèvement des travaux de terrassement sur les remparts.

Cependant les hostilités étaient commencées partout.

La défense du Dauphiné et de la Savoie avait d'abord été destinée au général Grouchy; elle fut ensuite confiée au maréchal Suchet, duc d'Albuféra, avec le titre de commandant en chef de l'armée des Alpes et des 7ᵉ et 18ᵉ divisions militaires.

Le 1ᵉʳ juin, ce général ne comptait guère sous ses ordres qu'une quinzaine de mille hommes; ses forces s'accrurent par l'arrivée de recrues, et se montèrent à 26,000 hommes. C'est avec ces troupes que Suchet fut chargé de garder une ligne de 60 lieues d'étendue, du Mont-Dauphin à Genève; il s'était rendu, dès le 17 mai, à Chambéry, où était son quartier général.

D'après l'ordre de l'empereur, qui voulait, au début de la guerre, respecter les limites imposées à la France par le traité de Paris (1), le maréchal ne fit qu'observer les troupes sardes pendant un mois. Quand les hostilités eurent commencé dans le Nord, il s'ébranla à son tour et se dirigea de Chambéry et Saint-Georges sur Montmélian, dans la nuit du 14 au 15 juin, et s'en empara sans résistance; puis, traversant l'Isère, il tomba le 15 sur Aiguebelle, où, à la suite d'un combat, la garnison sarde mit bas les armes; on lui fit 600 prisonniers, parmi lesquels se trouvaient un major, un colonel, et, d'après le journal le *Spectateur militaire*, deux Français, de Saulignac et Jules de Polignac (2). 2 à 300 hommes furent tués ou blessés. Les Français s'emparèrent ensuite de Lhôpital (aujourd'hui Albertville) et furent ainsi maîtres des deux grandes communications du Piémont. Au nord, ils occupèrent le 16 juin

---

(1) Les arrondissements de Chambéry et d'Annecy, du département du Mont-Blanc, avaient été laissés à la France en 1814.

(2) On trouve aussi dans les archives du fort Barraux la note textuelle suivante : *Le 19 juin 1815 est arrivé dans cette place MM. le comte Jules de Polignac et de Mac-Carthy, prisonniers,* venant du quartier général de l'*armée des Alpes* à Chambéry.

Carouge et la ligne de l'Arve jusqu'à Bonneville. Le 21, le général Dessaix, à la suite d'un combat glorieux, s'empara du pont de la Drame au-delà de Thonon.

Mais il fut bientôt contraint de rétrograder; le général Frimont accourait, en effet, à la tête de 60,000 Autrichiens; on avait appris, d'ailleurs, la nouvelle de la fatale bataille de Waterloo (18 juin) et de l'abdication de l'empereur en faveur de son fils. Les Français ne quittèrent toutefois les lignes de l'Arve qu'après avoir vaillamment disputé l'occupation de Bonneville et des autres points susceptibles de défense. Les alliés occupèrent Genève le 27 juin.

Dans le sud, les Piémontais et les Autrichiens, commandés par Bübna, avaient également passé les montagnes depuis plusieurs jours; on se battit avec acharnement dans la Tarentaise et la Maurienne; ce fut alors que le colonel Bugeaud, depuis maréchal de France, se couvrit de gloire. Il serait trop long d'énumérer les brillants faits d'armes qui illustrèrent ces derniers jours de l'empire; nous citerons seulement le combat livré le 28 juin près de Lhôpital. Le colonel n'avait avec lui que son régiment, le 14ᵉ de ligne, fort d'environ 1,200 hommes, un bataillon du 20ᵉ, arrivé la veille, 25 chasseurs du 10ᵉ et 2 pièces de canon; en tout, moins de 2,000 combattants; les ennemis étaient au nombre de 10,000 avec 4 bouches à feu. Bugeaud contint d'abord les efforts des assaillants, et, prenant ensuite l'offensive, il les chargea à la baïonnette et les dispersa au loin, après leur avoir tué plus d'hommes qu'il n'avait de Français sous ses ordres, et leur avoir fait un grand nombre de prisonniers. Il allait poursuivre le cours de ses succès, lorsqu'il apprit que le maréchal Suchet avait conclu avec le général Frimont, commandant en chef de l'armée impériale autrichienne d'Italie, un armistice qui devait expirer le 2 juillet. Les Piémontais, ne se croyant pas liés par cette convention, s'avancèrent sur Chambéry. Dès lors, le maréchal Suchet fit diriger sur Lyon, par les divers passages du Rhône, toutes les troupes qui étaient sous ses ordres; de sa personne, il se porta de Montmélian sur Belley; Dessaix se retira également sur Nantua, puis du côté de Lyon, après avoir disputé vaillamment à l'ennemi les positions de Sillans et d'Oyonax ; la frontière du département de l'Isère se trouva ainsi tout à fait dégarnie de défenseurs. La garnison de Barraux, trop faible pour tenir la campagne, se tint renfermée dans le fort, bien approvisionné du reste. Bübna occupa alors Montmélian et le poste de la Chavanne. D'après la convention d'armistice consentie entre Suchet et le général Frimont, le département de l'Isère fut requis de fournir 20,000 rations pour le 1er juillet, et autant pour le 2, au corps d'armée austro-sarde qui se trouvait sur la frontière de l'Isère. Grenoble fut obligé de faire l'avance du pain et de l'envoyer au maire de Chapareillan ; il ne put faire parvenir que 25,000 rations de pain de 750 grammes chacune, au lieu de 40,000 ; le défaut de moyens de transport, la mauvaise volonté des boulangers et des voituriers requis, et enfin la résistance du garde-magasin de la place empêchèrent de compléter la fourniture. Dès lors, une invasion et le siège de la ville étaient des événements imminents.

Depuis la nouvelle de la perte de la bataille de Waterloo, une assez vive agitation régnait à Grenoble : on craignait des trahisons. Les deux proclamations suivantes avaient été affichées sur les murs de la ville :

Le lieutenant général commandant la 7e division militaire. — Le préfet du département de l'Isère. — Le maréchal de camp commandant le même département, et le maréchal de camp commandant supérieur de la ville de Grenoble en état de siège, aux habitants du département de l'Isère.

DAUPHINOIS !

La fortune a trahi nos espérances : après de grands succès, l'armée a éprouvé des revers.

Les détails de la fatale journée du 18 ne nous sont pas encore officiellement connus, mais les événements sont tels, que l'Empereur a abdiqué la couronne en faveur de son fils; il en fait le sacrifice à la tranquillité publique, à la conservation de l'intégralité des départements et du territoire de la France.

A Paris, les chambres sont en permanence : un gouvernement provisoire est établi. Des commissaires ont été envoyés à toutes les puissances pour traiter de la paix. Attendons avec confiance et sagesse les résultats de cette démarche.

Dauphinois, des mesures sont prises ici pour comprimer la malveillance : ne permettons pas à la discorde de se glisser dans nos rangs; serrons-nous les uns contre les autres; soyons calmes, et, à supposer que les commissaires porteurs de propositions de paix ne soient pas accueillis, restons unis et nous serons invincibles.

Grenoble, le 26 juin 1815.

B. LASALCETTE, B.-M.-A. BOURDON-VATRY,
Aug. DEBELLE, B. MOTTE.

Le maréchal de camp MOTTE-ROBERT, *commandant supérieur de la ville en état de siège, aux habitants de Grenoble.*

GRENOBLOIS !

Nos malheurs sont moins grands que les ennemis de la patrie ne veulent nous le faire croire. Notre armée se rallie, nos représentants veillent pour le salut de tous, et les mesures qu'ils ont déjà prises nous font espérer la paix et l'indépendance de la nation.

La malveillance ose citer l'autorité pour répandre avec plus de facilité des bruits aussi absurdes qu'inconséquents; mais nous avons su déjouer leurs perfides combinaisons. Déjà plusieurs de ces colporteurs malveillants sont arrêtés, et la police est à la recherche des autres.

Grenoblois, montrez par votre patriotisme et votre union que vous êtes dignes de porter le nom français, alors même que vous semblez être menacés dans vos intérêts les plus chers. Offrez l'exemple de la fermeté et de l'énergie patriotiques; nous veillons constamment pour votre sûreté, secondez nos efforts en restant unis, et vous verrez bientôt triompher la noble cause qui nous anime.

NOTA.— Toutes les nouvelles officielles, bonnes ou mauvaises, vous seront transmises par nous, et c'est à celles-là seules que vous devez ajouter foi.

MOTTE.

Malgré les préparatifs de défense commencés depuis plus d'un mois, Grenoble alors, et même plus tard jusqu'à l'agrandissement récent de son enceinte, était loin d'être en état de soutenir un siége régulier; depuis plus d'un siècle, en effet, ses fortifications étaient négligées, les fossés avaient été comblés, les murailles des remparts tombaient en ruines; deux faubourgs couvraient les abords de la place; enfin des habitations remplissaient les ouvrages extérieurs et les pentes des glacis.

La garnison se composait seulement : 1° de 6 compagnies formant le 1er bataillon des gardes mobilisées de l'Isère, commandé par Pellapra de Lolle, bataillon qui ne comptait guère plus de 400 hommes, quoique son effectif dût être de 500 ; 2° d'un bataillon des gardes nationaux de la Savoie, décimé par la désertion et dépassant à peine une centaine d'hommes ; 3° d'un escadron du 10e de chasseurs à cheval et d'une trentaine de soldats d'un dépôt de la ligne ; 4° d'une compagnie d'ouvriers d'artillerie de notre arsenal ; 5° de la garde nationale sédentaire.

Le maréchal de camp Motte-Robert, vieux général plein d'énergie, prit rapidement les mesures nécessaires pour mettre la ville à l'abri d'un coup de main.

Le 3 juillet, 600 ouvriers avaient été requis pour achever les travaux d'art et de terrassement les plus urgents.

Le même jour, on afficha l'avis suivant du maire : « Le maire de la ville de Grenoble invite ses concitoyens qui désirent, pour le salut de la patrie et de la ville, prendre les armes, et qui n'en sont pas pourvus, à se présenter à la Mairie ; il leur en sera donné. — Grenoble, 3 juillet 1815. Signé GIROUD. »

Le 2 juillet, sur l'ordre de Motte-Robert, le 1er bataillon des gardes nationaux mobilisés de l'Isère s'était porté, sur la route de Pontcharra, jusqu'à Tencin où il coucha ; sur l'avis d'une invasion prochaine de l'ennemi, il rétrograda le 3 et s'arrêta à la Galochère ; le 4, il vint prendre position sur la route de Gières, à l'extrémité du faubourg Très-Cloîtres, à 200 mètres de la pointe du bastion actuel, vers les premières maisons ; les avant-postes étaient à 100 mètres en avant du 2ᵉ kilomètre ; le bataillon bivouaqua dans le verger de Chanrion ; il reçut le lendemain 5 un renfort de quelques soldats de la ligne et de deux pièces de canon servies par les ouvriers de l'arsenal ; ils étaient commandés par le capitaine Joseph Debelle, ancien officier d'artillerie de l'armée de Sambre et Meuse, amputé d'une jambe. On fit faire à la route une coupure avec épaulement ; pendant ce temps, les cavaliers du 10ᵉ chasseurs éclairaient la campagne. La nuit, le bataillon bivouaqua de nouveau sur la route de Gières et le long du chemin de l'Abbaye. L'ennemi était alors proche de la ville.

En effet, l'invasion dont nous étions menacés du côté de la Savoie était alors accomplie. A l'expiration de l'armistice, une division austro-sarde forte de 4 à 5 mille hommes, tant infanterie que hussards autrichiens, commandée par le lieutenant général autrichien Latour, et, sous ses ordres, par le général piémontais Giflenga, s'était dirigée par Pontcharra sur Grenoble, en suivant la rive gauche de l'Isère ; elle arriva le 5 juillet, dans la journée, à la Galochère, et tira quelques coups de canon sur les troupes postées à l'entrée du faubourg Très-Cloîtres. Un soldat du 10ᵉ chasseurs fut tué. L'approche de l'ennemi occasionna quelque agitation dans Grenoble. La garde nationale dut maintenir l'ordre. Le maire et le général Motte firent afficher les proclamations suivantes :

Le Maire de Grenoble à ses Concitoyens.

GRENOBLOIS,

Quoique l'ennemi soit à nos portes, ne nous décourageons point. La place est commandée par un général qui mérite toute notre confiance ; il joint à la bravoure l'expérience et l'activité ; il ne se laissera pas surprendre. La cohorte urbaine nous a aussi fourni ce matin un exemple de son courage par le zèle avec lequel elle s'est rendue au poste d'honneur.

Une fausse alerte a failli troubler, depuis peu d'heures, la tranquillité publique. Si elle a été l'ouvrage de quelques malveillants, malheur à eux, ils en seront tôt ou tard punis; si elle a été occasionnée par des personnes pusillanimes ou craintives, il faut qu'elles sachent rentrer dans leur domicile pendant les circonstances actuelles; que les femmes, les vieillards, les enfants, et généralement tous ceux qui n'ont aucun service à remplir dans la garde nationale, ne s'écartent point de leurs habitations. Courage, union pour tous les autres citoyens, telle est l'invitation que me charge de vous faire M. le maréchal de camp commandant supérieur de la place, et la patrie sera sauvée !

Grenoble, 5 juillet.   *Le maire,*   Signé : GIROUD.

MOTTE-ROBERT, *maréchal de camp, commandant supérieur de la place de Grenoble en état de siège, baron de l'Empire, commandant de la Légion d'honneur, aux habitants de Grenoble.*

GRENOBLOIS !

Les hostilités vont recommencer. Le moment de montrer votre patriotisme est arrivé. Armez-vous, c'est pour vos propriétés et vos familles que vous allez combattre.

Tous les éléments d'une défense vive et fructueuse sont entre nos mains, et si vous me secondez, nos efforts ne seront pas vains.

On vous abuse sur la situation politique et militaire de votre patrie; la fortune ne nous a pas abandonnés, et les vœux ambitieux de nos ennemis sont loin d'être accomplis.

Que ceux d'entre vous qui n'ont pas d'armes viennent à moi, je leur en fournirai.

Dans la position où nous sommes, gagner du temps c'est tout gagner, et ce n'est que par une contenance ferme et assurée que nous pouvons parvenir à ce but.

Grenoblois, vos intérêts sont les miens; mes jours et mes nuits sont employés à veiller pour vous, et je ne vous demande d'autre témoignage de votre gratitude que de veiller aussi vous-mêmes, en ce moment, à la conservation de tout ce que vous avez de plus cher.

Je me plais à croire que Messieurs de la garde urbaine déploieront, dans cette circonstance, tout le zèle et le patriotisme que je leur connais, et qu'aucun d'eux ne manquera à l'appel que je leur fais aujourd'hui.   MOTTE.

Nous le disons à regret, plusieurs royalistes avaient quitté Grenoble et s'étaient portés au-devant de l'ennemi. Ces transfuges disaient hautement que nulle résistance n'était à craindre de la part de la ville, où ne se trouvaient plus que des bourgeois effrayés, incapables de se battre ; ils ne savaient pas que toute la garde nationale sédentaire, qu'une foule de volontaires, depuis quinze jusqu'à soixante-dix ans, demandaient des armes et brûlaient d'en venir aux mains. D'après ces renseignements, le général Latour entreprit de tourner et de cerner le 1er bataillon de l'Isère, se croyant sûr d'être ainsi maître de Grenoble. En conséquence, le 6, pendant la nuit, guidé par ces transfuges, il dirigea de la Galochère une grande partie de ses troupes, par les chemins de Saint-Martin d'Hère et de Poisat, jusqu'à la route d'Eybens ; il suivit cette route de grand matin, en s'appuyant à droite le long du ruisseau le Verderet, et en dirigeant un feu de tirailleurs sur ceux de nos soldats qui étaient placés le long du chemin de l'Abbaye ; il parvint ainsi jusqu'à la hauteur du lieu dit le Bois-Roland, sur l'emplacement du Jardin botanique actuel. Parvenu au Chemin-Neuf, il tourna brusquement à droite et se dirigea par ce chemin sur le faubourg Très-Cloîtres. Cette marche audacieuse réussit d'abord : les gardes nationaux qui bordaient les remparts crurent un instant que ce corps qui marchait en colonne serrée, était le bataillon de Pellapra, et le laissèrent s'avancer sans faire feu. Il était dans ce moment sept heures du matin. Le général Latour était donc sur le point d'arriver vers l'ancienne porte Très-Cloîtres, avant que le 1er bataillon mobilisé de l'Isère pût y rentrer ; il allait le cerner ainsi ou pénétrer au moins pêle-mêle dans la place.

Heureusement Pellapra s'était aperçu de ce mouvement et se hâtait de battre en retraite vers l'ancienne demi-lune du faubourg Très-Cloîtres. Le brave Joseph Debelle se porta rapidement avec ses deux canons à l'angle de la rue du faubourg Très-Cloîtres et du Chemin-Neuf, se posta sur le pont du Verderet, et, pointant lui-même ses pièces, tira à mitraille sur le groupe compacte d'ennemis qui était seulement à portée de pistolet, nous a dit un témoin oculaire. Des tirailleurs placés dans les maisons voisines fusillaient en même temps les Autrichiens et les Piémontais presque à bout portant.

D'un autre côté, les gardes nationaux, qui s'étaient bien vite aperçus de leur erreur, ouvrirent du haut du rempart un feu des plus vifs et des plus meurtriers ; ils étaient pourtant découverts jusqu'à la ceinture, le haut de l'escarpe étant dépourvu de sacs à terre. Les élèves du lycée dirigèrent avec succès une pièce de canon. En un instant le Chemin-Neuf fut jonché de cadavres ennemis, presque tous les coups avaient porté. Les Austro-Sardes se hâtèrent alors de se mettre à couvert dans les maisons voisines, et le 1er bataillon de l'Isère put se retirer, sans éprouver aucune perte, dans la demi-lune de Très-Cloîtres où se trouvaient déjà les gardes mobilisées de la Savoie. Là on continua le feu ; deux pièces d'artillerie, du haut de cette demi-lune, balayaient presque tout le faubourg Très-Cloîtres, dont l'ennemi s'était emparé après la retraite des nôtres. Ce dernier, chaque fois qu'il voulut renouveler l'attaque, fut repoussé avec perte. Pendant ce temps-là, le général Latour, pour effrayer les Grenoblois et se venger de leur résistance, avait fait lancer sur la ville un grand nombre d'obus ; mais les habitants avaient été aussi prompts à éteindre l'incendie qu'à repousser les attaques des assaillants. Voyant que tous ses efforts étaient sans résultat, il fut réduit à la honte d'implorer lui-même, à dix heures et demie du matin, une suspension d'armes de trois jours pour faire enterrer ses morts. Il avait perdu 500 hommes environ. Ce chiffre indiqué à l'époque n'a pas paru exagéré aux contemporains que nous avons consultés, et qui ont pu voir le champ de bataille jonché de cadavres (1).

---

(1) Ces cadavres inhumés à la hâte, joints au séjour de l'eau dans les fossés de la ville, avaient produit une infection telle, qu'une commission composée des docteurs Comte, Michel et Silvy, du pharmacien Aubergeon et du vétérinaire Bragard, fut chargée, le 14 juillet, de prendre les mesures nécessaires pour prévenir une épidémie.

Plus tard, notre hôpital militaire fut encombré de blessés ennemis. L'armistice demandé fut accordé par le général Motte. Mais telle était l'animation des gardes nationaux placés sur les remparts, qu'on eut de la peine à faire cesser la fusillade; à peine les officiers porteurs de l'ordre étaient-ils passés que le feu recommençait. Un lieutenant-colonel nommé Vincent était du nombre de ces officiers. On raconte qu'au moment où il courait sur un artilleur qui pointait sa pièce, lui faisant signe d'arrêter, le soldat répondit, en se hâtant : *Dussiez-vous me tuer sur mon canon, le coup partira;* et il partit en effet. Nous n'eûmes dans cette affaire que trois hommes tués et une trentaine de blessés, dont dix-huit furent traités à l'hôpital militaire; quelques-uns succombèrent à la suite de leurs blessures. Le maire donna avis de cette suspension d'armes par une proclamation (V. Pièce justificative H).

Pendant la durée du combat, la municipalité, en permanence depuis le 1er du mois, n'avait cessé de veiller sur la tranquillité de la ville; le matin elle avait fait un nouvel appel à la charité publique, pour procurer à l'hôpital la charpie et les linges nécessaires aux pansements. Mue par un sentiment d'humanité, elle offrit dans l'après-midi à l'armée austro-sarde des officiers de santé, des médicaments et des objets de pansement, proposant même d'accueillir les blessés dans notre hôpital. Le colonel commandant les avant-postes ennemis remercia la ville, ajoutant qu'il transmettrait cette offre au quartier-général.

Le général Motte profita de la suspension d'armes pour compléter les moyens de défense du rempart. Le 7 juillet il fit à la ville une réquisition de 1,800 mètres de toile pour confectionner des sacs à terre destinés aux fortifications. La ville fit immédiatement droit à cette demande.

L'animation et l'enthousiasme des jeunes défenseurs de la place étaient loin d'être partagés par un assez grand nombre de citoyens paisibles de la cité, qui avaient été effrayés par la chute des obus, qui craignaient le pillage et l'incendie si le siège continuait, et qui désiraient en conséquence une capitulation.

Ce même désir était partagé par la majorité du conseil municipal, qui n'était pas sans inquiétude personnelle pour l'avenir. Sondé une première fois par elle à ce sujet, le général Motte répond « *qu'il fera tout ce que son devoir et le bien des citoyens exigeront de lui, et qu'il veillera toujours aux intérêts de la ville.* »

Le 8, à neuf heures et demie du matin, un courrier chargé de dépêches du maire, du général Motte et du secrétaire général de la préfecture (le préfet avait quitté la ville dès le premier jour de l'arrivée de l'ennemi) fut expédié à la hâte à Lyon pour avoir des nouvelles de cette ville et de Paris. Le conseil municipal, tout en priant le commandant Motte de négocier une prolongation de l'armistice, avait convoqué sous main à l'Hôtel de Ville un grand nombre de citoyens qui désiraient que la ville capitulât. Cette réunion eut lieu le même jour 8 au matin. Les partisans de la résistance en ayant été instruits, se portèrent à leur tour à la mairie pour prendre part à la délibération, mais ils trouvèrent la salle pleine et ne purent entrer. L'assemblée nomma alors une députation composée de Renard, de Barral, Paganon, Beyle, Rampin, avocat, Sappey, avoué, et Lemaitre, chargée d'exprimer à Motte les vœux des habitants. Le commandant fit une première réponse évasive; mais dans l'après-midi, les députés, auxquels on avait adjoint M. Planelli de Lavalette, ayant insisté de nouveau, le commandant leur apprit que le général des assiégeants lui avait fait demander une conférence et qu'il s'entendrait avec des officiers supérieurs pour ouvrir la négociation la plus avantageuse. M. de Lavalette se chargea des préliminaires d'un arrangement. Le général des Piémontais se rendit alors à Grenoble et s'aboucha avec le major Falcon, colonel de la garde nationale, et le commandant Motte, dans le domicile de ce dernier, rue du Pont Saint-Jaime, maison Montal. On y rédigea une capitulation où se trouvaient les conditions les plus avantageuses pour les assiégés ; la garde nationale sédentaire devait conserver la cocarde tricolore et faire le service de la place ; le reste de la garnison était libre de se retirer. *Un article spécial promettait de conserver au génie et à l'artillerie tous les effets qui étaient dans leurs magasins ou qui dépendaient de leur service dans la place.* La ville ne devait supporter d'autres charges que celles qu'exigerait l'entretien des troupes alliées.

Cette capitulation fut signée le 9 juillet au matin. Dans l'après-midi, une députation, composée du maire, d'un adjoint et de six membres du conseil, se rendit auprès du général Latour pour lui porter la déclaration de soumission de la ville et implorer pour elle sa bienveillance.

L'armée des assiégeants entra à Grenoble le même jour, à quatre heures du soir. A cette occasion, le maire avait fait afficher la proclamation suivante :

Le maire de Grenoble à ses concitoyens.

L'armée austro-sarde entre dans nos murs ensuite d'une capitulation honorable pour la garnison. Les personnes et les propriétés seront protégées et respectées ; la discipline la plus sévère sera observée, nous en avons pour garant la parole de M. le général qui commande cette armée.

Dès demain des billets de logement seront distribués, et pendant cette première journée, chaque habitant aura à fournir la nourriture des militaires qu'il sera chargé de loger.

Les citoyens qui ont quitté leur domicile sont invités à y rentrer ou à s'y faire représenter. On doit s'interdire tout discours, toute démarche qui tendraient à troubler la tranquillité publique, et attendre avec calme et sécurité le moment qui règlera nos destinées futures. Tous rassemblements non autorisés par les lois et règlements sont expressément défendus.

Grenoble, 9 juillet.   Signé GIROUD.

La capitulation consentie par les alliés fut violée avec une mauvaise foi insigne, et les habitants furent soumis à des humiliations et à des exigences qui ont laissé dans les esprits de longs et pénibles souvenirs. Reviczky, chambellan de l'empereur d'Autriche et intendant de l'armée impériale et royale d'Italie, fit afficher, le 10, une proclamation hypocrite dans laquelle, tout en conservant ses attributions à la garde nationale, il décidait qu'elle ne se réunirait que quand les alliés le voudraient bien. Le même jour, et au mépris de la capitulation, des royalistes se promenèrent dans la ville, portant une cocarde blanche à leur chapeau ; il en résulta des rixes fâcheuses telles, que la municipalité crut devoir intervenir, et envoya immédiatement (10 juillet) deux de ses membres au général Latour pour le prier de défendre de porter toute espèce de cocarde, il ne devait y avoir d'exception que pour la garde nationale sous les armes (celle-ci, comme on l'a dit, avait conservé la cocarde tricolore). Pour toute réponse, le même jour 10, le conseil municipal fut dissous et remplacé par celui qui existait au 1er mars. M. Planelli-Lavalette, ancien adjoint, fut nommé maire de Grenoble. La nouvelle municipalité ne fut installée que le 14. Reviczky nomma en même temps, pour remplir les fonctions du préfet absent, une commission administrative composée de Dubouchage, ancien préfet, président ; Beaufort, Duboys, Lemaître et de Besson.

Le lendemain 11, Randon Saint-Marcel, substitut du procureur du roi au tribunal civil de Grenoble, fut nommé commissaire général de police pour la ville de Grenoble et le département de l'Isère.

Nos concitoyens succombaient alors sous le poids des charges de la guerre ; ils eurent à loger et à héberger toute une armée de soldats ; des réquisitions arbitraires de tous genres ne cessèrent de les dépouiller de leurs biens ; des familles entières furent réduites à la mendicité. Les Autrichiens et surtout leurs chefs se montrèrent d'une exigence révoltante ; les Piémontais furent plus traitables. Bientôt, pour pourvoir à une foule de dépenses, il fallut recourir à des contributions extraordinaires ;

on tripla les impôts, et des exécutions militaires impitoyables en assuraient la rentrée.

Il faut joindre à ces exactions continuelles les dénonciations secrètes, les exils, les incarcérations, les défenses de sortir de la ville infligées par la police à une foule de citoyens honorables. Grenoble et toutes les communes du département furent désarmées, et on ôta même les armes de chasse à certaines personnes désignées comme bonapartistes.

Ces emprisonnements et ces tracasseries persistèrent jusqu'à l'arrivée du préfet Montlivault, qui rendit, à son arrivée, un arrêté pour faire cesser ces abus (V. Pièce justificative I).

Il faut pourtant rendre cette justice à M. de Lavalette, que non-seulement il fut étranger à toutes les persécutions dont nos concitoyens furent victimes, mais qu'il résista courageusement à une foule d'exigences, surtout de la part des chefs des alliés. Sa qualité d'inspecteur général des gardes nationales de l'Isère lui donnait un certain ascendant et lui permettait d'employer même la menace. Les hommes de tous les partis ont toujours été d'accord pour reconnaître qu'en cette occasion, il rendit de grands services à la ville ; cette résistance, dit-on, ne fut même pas toujours sans danger pour lui.

Un article de la capitulation de la ville promettait, comme nous l'avons dit, de conserver au génie et à l'artillerie tout le matériel qui appartenait à ces administrations.

Par une violation honteuse et déloyale de cet article, tout ce matériel fut pillé, enlevé, vendu ou brûlé, et nous trouvons dans un Mémoire adressé au roi par le conseil municipal, le 12 décembre 1815, et dans lequel on demandait en faveur de la ville le rétablissement de l'école d'artillerie, que *telle avait été la rapacité des Autrichiens, qu'ils avaient enlevé jusqu'aux serrures et même aux clous des portes de la ville.*

Ils eurent même l'impudeur de faire insérer dans le *Journal du département de l'Isère* (n° 86) un arrêt du chevalier Antoine-

Léopold de Roschmann-Hœrburg, conseiller de l'empereur d'Autriche et gouverneur des départements de l'Ain, du Jura, de l'Isère et du Mont-Blanc, portant que toutes les personnes qui auraient connaissance que des effets appartenant à l'État eussent été recélés, étaient obligées d'en donner avis à l'autorité, le dénonciateur recevrait en récompense le quart de la valeur des objets détournés; le recéleur devait être puni avec la dernière rigueur par une commission militaire. Cette injonction était également faite aux fonctionnaires publics.

Après le départ des alliés, au commencement de décembre, l'administration racheta une foule d'objets appartenant à l'artillerie et au génie, qui avaient été vendus à vil prix. (Voyez l'avis inséré dans le *Bulletin administratif* du 7 décembre 1815 et du 16 janvier 1816).

Notre musée fut également dépouillé par les alliés; des commissaires venus de Paris nous enlevèrent six tableaux, don précieux de l'empereur en 1811. Parmi eux, on regrette surtout un *Van-Balen, les Noces de Thétis et de Pélée*, sur cuivre. Notre beau Rubens n'échappa au même sort que par hasard et par suite de l'ignorance des commissaires. Enfin, on sait que plus tard notre faculté des lettres fut supprimée.

Ce fut au milieu de ces tribulations et de ces souffrances que la Restauration s'accomplit dans notre ville.

Le 12 juillet, Randon Saint-Marcel fit publier dans le *Journal du département de l'Isère* un avis annonçant que Louis XVIII avait été proclamé à Paris roi de France. La commission administrative du département, la municipalité de Grenoble et les membres de la cour royale se hâtèrent alors d'envoyer des adresses au roi. Par un arrêté de la commission administrative du département, en date du 13 juillet, les municipalités qui existaient au 1er mars 1815 reprirent leurs fonctions.

Ce ne fut toutefois que le 20 juillet 1815 que le drapeau blanc fut replacé sur l'Hôtel de Ville; une fête publique, avec illuminations, *Te Deum*, distributions de comestibles, etc., eut lieu à cette occasion, et M. de Lavalette fit afficher la proclamation suivante :

Le maire de Grenoble, chevalier de Saint-Louis, à ses concitoyens.

Habitants de Grenoble,

Que tous les cœurs s'ouvrent aux plus doux sentiments... L'étendard des Bourbons, le drapeau blanc est arboré... En nous apportant la paix avec l'Europe, il nous annonce le rétablissement du gouvernement du meilleur des Princes... Que ce signe national soit désormais notre unique point de ralliement! Que tout esprit de parti s'éloigne pour toujours, et que l'heureuse époque du retour de notre légitime Souverain soit celle d'une réconciliation générale! L'union entre tous les citoyens, une entière soumission aux lois, seront l'hommage le plus agréable pour le cœur paternel de Louis-le-Désiré.

vive le roi!

Fait à Grenoble, le 20 juillet 1815.

Lavalette, *Maire.*

Le chevalier d'Osasque, commandant supérieur de la place, qui comptait, dit-on, seulement sur l'adjonction du Dauphiné au royaume de Sardaigne, s'était refusé, jusqu'à cette époque, à ce qu'on arborât le drapeau blanc, sous prétexte que la capitulation de la ville s'y opposait.

Le 15 août seulement, la garnison du fort Barraux reconnut l'autorité royale et arbora la cocarde blanche; elle fit parvenir au roi une adresse signée Caire, nouveau commandant du fort. Plus heureuse que Grenoble, cette place ne reçut pas l'ennemi dans son enceinte et conserva son matériel; elle avait été cernée dès le 1ᵉʳ juillet par les alliés; mais, le 8 août, le colonel Cartier, commandant supérieur du fort, avait conclu une suspension d'armes illimitée avec le chevalier Reau, colonel du régiment d'Ivrée et commandant à Chapareillan les troupes austro-sardes.

Une ordonnance royale du 19 juillet mit fin aux pouvoirs des commissions extraordinaires qui administraient les départements. Peu après, le comte de Montlivault, nommé préfet de l'Isère le 14 juillet, arriva dans nos murs le 6 août et fut installé le lendemain ; il fit afficher immédiatement une proclamation aux habitants de l'Isère ; par divers arrêtés, les commissions administratives nommées par les puissances alliées furent dissoutes, le commissaire général de police cessa ses fonctions, tous les pouvoirs civils durent être exercés au nom du roi et tous les actes passés en son nom ; des sous-préfets furent nommés aux sous-préfectures vacantes ; la municipalité de Grenoble et la commission nommée pour assurer le service des subsistances et des réquisitions furent confirmées ; enfin, le régime arbitraire créé par le commissaire général de police dut cesser, et les prévenus politiques, après avoir été interrogés dans les vingt-quatre heures, durent être mis en liberté, s'il n'y avait pas de charges suffisantes contre eux.

Il eut à s'occuper peu après des opérations électorales pour la nomination des candidats proposés, pour la chambre des députés au corps législatif, par les quatre arrondissements de l'Isère. D'après une ordonnance royale du 21 juillet, on devait adjoindre à chacun des quatre colléges électoraux d'arrondissement dix membres pris parmi les citoyens qui avaient rendu des services à l'Etat. Ces élections commencèrent le 14 août. Les candidats proposés par le collége électoral de l'arrondissement de Grenoble, présidé par Paganon, furent Mounier, intendant des bâtiments du roi, Planelli de Lavalette, Savoye de Rollin, Duboys, ancien conseiller à la cour royale, Dubouchage (Gabriel) et Bernard, avocat à Grenoble.

Le collége électoral du département, accru par l'adjonction provisoire ou définitive de vingt-cinq nouveaux membres, élut en dernier ressort le 24 août, pour députés à la chambre des représentants, Savoye de Rollin, ancien préfet, président du collége ; Planelli de Lavalette, maire de Grenoble ; Lombard (Claude), de Saint-Symphorien d'Ozon ; Dubouchage (Gabriel), propriétaire à Grenoble ; Faure (Joseph), maire de

Saint-Pierre de Bressieux, et Duboys (Gaspard-Marie), ancien conseiller à la cour royale de Grenoble. A la même époque, par un arrêté du 24 août, le préfet réorganisa la garde nationale; elle eut pour commandant de Montal.

Le 25 août, la fête de Saint-Louis fut célébrée avec solennité à Grenoble.

Le 7 octobre, les chambres se réunirent à Paris.

Le 20 octobre, le prince héréditaire d'Autriche traversa notre ville ; il logea à la préfecture et repartit le lendemain, après avoir visité des fabriques de gants et quelques-uns de nos monuments.

Un mois après le 21 novembre, un prince français, le duc d'Angoulême, vint visiter nos murs ; il arriva à quatre heures et demie. Le préfet et les autorités supérieures militaires allèrent à sa rencontre ; la garde nationale l'attendit sous les armes à la porte de France ; les troupes autrichiennes et piémontaises formaient ensuite la haie jusqu'à la préfecture. A son arrivée, le prince reçut la visite des autorités ; il promit de s'intéresser à la conservation de la cour royale de Grenoble, que cette ville était menacée de perdre en punition de la conduite de ses habitants en mars; le soir il y eut illumination ; le lendemain, après avoir entendu la messe à l'église Notre-Dame, il fit une promenade à la Bastille et visita les fortifications; à quatre heures de l'après-midi, il reçut les dames et passa la soirée au spectacle; le 23, il assista à la bénédiction du drapeau qu'il avait donné à la garde nationale et la passa en revue, après avoir visité les hôpitaux ; à cinq heures du soir, il reçut de nouveau les dames de la ville, qui lui présentèrent une écharpe en chantant des couplets, et repartit le lendemain, à huit heures du matin, satisfait, dit-on, de l'accueil qu'il avait reçu. Il y eut loin pourtant de cette réception à celle qui avait été faite au comte d'Artois un an auparavant ; les malheurs du temps laissaient peu de place à la joie et à l'enthousiasme, même parmi les fonctionnaires. Une sourde agitation régnait depuis quelque temps; la police avait de la peine à contenir l'irritation générale, plutôt augmentée que calmée par l'annonce prochaine du départ des alliés. Quelques mesures de rigueur durent être prises. Le 22 octobre, le maire, sur le rapport du commissaire de police, fit fermer, dans les vingt-quatre heures, vingt-six cabarets de la ville; des arrêtés et instructions du préfet, en date des 23 septembre, 12 et 31 octobre, prescrivirent des mesures aux maires pour le maintien du bon ordre. La tranquillité ne fut pas troublée.

Le terme de l'oppression du département par les étrangers approchait. Dès les premiers jours de décembre, les troupes alliées évacuèrent la ville et le département. Par un arrêté du préfet, en date du 5 décembre, les monnaies étrangères, qui avaient eu jusque-là cours forcé, cessèrent d'être reçues dans la circulation ; néanmoins, pendant trois jours, les contribuables furent admis à verser en monnaie étrangère de billon jusqu'à concurrence du quart des paiements qu'ils avaient à faire dans les caisses publiques. La compagnie départementale de l'Isère forma la garnison de Grenoble et fut mise en activité dès le 10. Enfin le 14, arriva dans cette ville le général Donnadieu, nommé commandant de la 7e division militaire. Ainsi s'acheva cette année si désastreuse pour notre ville et pour le département; elle laissa des germes profonds de mécontentement qui donnèrent lieu l'année suivante à l'insurrection du 4 au 5 mai.

Nous donnons, en terminant, une récapitulation des charges extraordinaires en argent que la présence des troupes alliées imposa en 1815 au département de l'Isère, indépendamment des contributions ordinaires, de la nourriture journalière des troupes pendant cinq mois et des réquisitions de toute espèce, extraordinaires, autorisées ou non autorisées :

1° Impôt de 20 cent. (arrêtés des 19 avril, 22 mai et 28 juin) pour frais d'approvisionnement de siège et perçu en grande partie après la capitulation de la ville, pour obtempérer

	Montant perçu.
aux réquisitions des alliés	955,300 f.
2° De 30 cent. (arrêtés des 2 et 20 juillet)...	1,391,547
3° De 50 cent. (arrêté du 18 août, approuvé le 16 septembre)	2,319,245
4° De 45 cent. (arrêté du 12 novembre, approuvé le 22 novembre)	2,148,891
5° Contribution extraordinaire de guerre de 100 millions, emprunt forcé (ordonnance royale du 16 août 1815), part afférente au département	1,140,000
Total	7,954,983 f.

PIÈCES JUSTIFICATIVES.

I. — PIÈCE A.

(Page 2.)

Proclamation du sénateur de Saint-Vallier

Aux habitants et propriétaires de toutes les classes de la 7e division militaire.

Je viens, braves habitants de la 7e division militaire, mes chers compatriotes, vous apporter des consolations et des espérances de paix qui ne tarderont pas à se réaliser, et dont le succès tient à votre conduite et à l'attitude que vous aurez dans la circonstance critique où se trouve une partie de cette division militaire.

La paix est le vœu général de la France. L'Empereur la désire aussi vivement que vous, et fera tous les sacrifices compatibles avec la dignité de la nation et celle de sa couronne. Vous vous rappelez que dans son discours au Corps législatif, il a dit : « Monarque et père, « je sens ce que la paix ajoute à la sécurité des trônes et à celle des « familles. » Vous ne pouvez donc pas douter que les vœux du prince ne soient d'accord avec les nôtres. Ayons de la confiance et rendons-nous dignes de ce bienfait.

Les bases préliminaires de paix ont été proposées par nos ennemis ; ils ont donc jugé qu'elles ne leur étaient pas défavorables. Peut-être espéraient-ils que l'Empereur les refuserait; mais la France, au contraire, les a acceptées sans discussion, sans modification.

Réunissez donc tous vos efforts, mes chers compatriotes. La patrie, l'honneur vous appellent. Vous ne souffrirez point que votre territoire devienne la proie de l'étranger. Ralliez-vous à la voix de vos fonctionnaires civils et militaires, qui jouissent à juste titre de la confiance du Gouvernement, de la vôtre et de la mienne; empressez-vous d'offrir tous les sacrifices qu'exige la défense de la frontière.

A Grenoble, le 6 janvier 1814.

Le comte DE SAINT-VALLIER.
L'auditeur au Conseil d'Etat, DE BEYLE.

II. — PIÈCE B.

(Page 17.)

Le Maire de Grenoble aux habitants de la ville.

Quelques personnes égarées se sont permis des provocations; elles cherchent à exciter les soldats français contre les troupes alliées; de pareils désordres doivent être réprimés et sévèrement punis.

Habitants de Grenoble, votre magistrat immédiat exige que chacun de vous concoure au maintien de l'ordre public; il prévient que des mesures sévères ont été prises pour que tout perturbateur soit arrêté et traduit devant les tribunaux, pour être condamné aux peines portées par la loi.

Grenoble, 15 mai 1814.   RENAULDON.

III. — PIÈCE C.

(Page 17.)

Armée d'Italie. — État-Major.

ORDRE DU JOUR.

L'armée apprendra avec plaisir l'accueil flatteur qu'ont reçu des habitants de Grenoble les troupes de la 1re brigade de la 1re division commandées par M. le général Campy. La garde nationale et toute la population étaient venues au-devant d'elles pour leur apporter des rafraîchissements, avec l'expression de la plus vive joie et des applaudissements continuels accompagnés des cris de: *Vive la France! vive l'armée d'Italie!* Des tonneaux de vin avaient été placés sur les deux côtés de la route, hors de la porte par où ces troupes sont arrivées, et la brigade a fait une entrée triomphante dans la ville.

Au quartier général, à Manosque, le 2 juin 1814.

Le Lieutenant général, chef de l'Etat-major général,
Comte VIGNOLLES.

IV. — PIÈCE **D**.

(Page 19.)

Programme pour la publication de la Paix et de la Charte constitutionnelle.

Le Maire de Grenoble, chevalier de la Légion d'honneur,

Considérant que le traité de paix qui nous réconcilie avec toutes les puissances de l'Europe est le gage du bonheur que la France a recouvré avec ses rois légitimes;

Que la Charte constitutionnelle que le roi vient de donner à la France est un témoignage éclatant de son amour pour les Français;

Que ce double événement, qui signale d'une manière si heureuse le commencement de l'administration de S. M., doit exciter notre reconnaissance envers l'auguste maison de Bourbon, qui nous a gouvernés, pendant tant de siècles, avec une bonté toute paternelle,

ARRÊTE :

Art. Ier. La paix et la Charte constitutionnelle seront publiées à Grenoble, dimanche prochain 12 du courant, à trois heures de l'après-midi.

II. Le cortége partira de l'Hôtel de Ville dans l'ordre suivant :

1º Les trompettes; 2º un détachement de gendarmerie; 3º un peloton de la cohorte, ayant en tête les tambours et la musique; 4º un peloton de troupes de ligne, ayant aussi en tête les tambours et la musique; 5º les officiers et employés de la police, les autorités administratives, entre deux haies de troupes, à droite les grenadiers de la cohorte, et à gauche la troupe de ligne; 6º un peloton de la cohorte; 7º un autre peloton de troupes de ligne; 8º un détachement de gendarmerie fermant la marche.

Le cortége, sorti de l'Hôtel de Ville, se rendra sur la place Saint-André, où se fera la première proclamation.

Il passera dans la rue du Palais, sur la place aux Herbes, dans la rue Brocherie, sur la place Notre-Dame, où se fera la seconde proclamation.

De la place Notre-Dame, il prendra la rue Très-Cloîtres, sortira de la ville, entrera dans le faubourg et s'arrêtera à l'entrée du Chemin-Neuf, où la troisième proclamation aura lieu.

Il rentrera par la porte Très-Cloîtres; arrivé à l'entrée de la rue Neuve, on fera la quatrième proclamation.

Il suivra la rue Neuve jusqu'au portail de l'église du lycée, où se fera la cinquième proclamation.

Il continuera la rue Neuve jusqu'à la rue de Bonne, où se fera la sixième proclamation.

Il passera dans la rue de Bonne, la rue Créqui, la rue de France, la rue de l'Hôpital, sur le Pont de Pierre, dans la rue Perrière, la rue du faubourg Saint-Laurent jusqu'à la caserne des gendarmes, où se fera la septième proclamation.

Le cortége rétrogradera, viendra passer sur le pont de pierre, sur le Quai, prendra la rue de France, la rue Montorge, la place Grenette, où se fera la dernière proclamation.

Il rentrera à l'Hôtel de Ville par la Grand'Rue et la place St-André.

III. A six heures du soir, commenceront des danses publiques au Jardin de Ville.

IV. A la même heure, des fontaines de vin couleront au Jardin et sur les principales places.

V. A la chute du jour, l'Hôtel de la Préfecture, l'Hôtel et le Jardin de Ville et tous les établissements publics seront illuminés.

VI. Les habitants illumineront les façades de leurs maisons.

VII. Des secours seront distribués aux prisonniers.

VIII. Il est défendu de tirer des coups de fusil, de pistolet, pétards, fusées ou autres artifices, sous les peines portées par les règlements de police.

IX. Le présent sera soumis à l'approbation de M. le préfet.

Fait à Grenoble, en l'Hôtel de Ville, le 10 juin 1814.

Signé LAVALETTE.

Vu et approuvé pour être exécuté selon sa forme et teneur :

Le Préfet de l'Isère, J^h FOURIER.

V. — PIÈCE **E**.

(Page 23.)

Grenoble, 5 mars 1815.

A Monsieur le Commissaire-Ordonnateur BAZIRE.

Je vous préviens, mon cher Ordonnateur, que je fais partir demain matin le 3e régiment de sapeurs pour la Mure, où il restera jusqu'à nouvel ordre ; le 5e de ligne ira le rejoindre après-demain. Six pièces de canon accompagneront le 3e régiment de sapeurs.

Le 7, le 4e régiment d'artillerie ira prendre position à Vizille, avec six autres pièces de canon.

Je vous prie de prendre des dispositions pour faire fournir des vivres de campagne à ces trois régiments, et de faire faire une provision d'eau de vie, de manière à ce qu'on puisse en distribuer chaque jour une ration à toute la troupe.

Il sera nécessaire d'envoyer un commissaire des guerres à la Mure, pour y assurer le service.

J'ai l'honneur, etc.   Signé : Le comte MARCHAND.

VI. — PIÈCE F.

(Page 24.)

ORDRE ADRESSÉ AU CHEF DE BATAILLON DELESSART.

Grenoble, 6 mars 1815.

Il est ordonné à un bataillon du 5e de ligne de partir aujourd'hui de Grenoble pour se rendre a la Mure pour protéger les ouvrages qu'une compagnie de sapeurs est chargée de faire pour faire sauter le pont de Ponthaut au moment où les troupes de Buonaparte se montreraient. — A compter de demain 7 mars, le commandant de ce bataillon ne laissera plus passer personne pour aller du côté de Gap, et laissera passer ceux qui en viendront. Il fera reconnaître le long de la rive, en remontant la rivière, les gués et les passages qui pourraient s'y trouver, et tâchera de les faire rendre impraticables. — Dans le cas où les troupes de Buonaparte se montreraient, M. le commandant du bataillon ferait sauter le pont et se retirerait à Grenoble; il pourrait attendre quelque temps pour observer le mouvement de ces troupes, dans le cas où il pourrait le faire sans se compromettre. — Il prendra du reste toutes les précautions qui lui seront suggérées par les circonstances pour avoir des renseignements positifs sur la marche de l'ennemi, ses projets, etc., et profitera de toutes les circonstances pour me tenir informé de tout ce qui se passera.

Le lieutenant général commandant la 1re subdivision de la 7e division militaire,

Signé : Le comte MARCHAND.

VII. — PIÈCE G.

(Page 41.)

La garde nationale de Grenoble à la garde nationale de Marseille.

Camarades,

On nous annonce que vous voulez replacer les Bourbons sur le trône, et que vous vous disposez à marcher sur Paris.

Nous avons peine à nous persuader que vous ayez formé un pareil projet; mais s'il était possible qu'un premier mouvement vous l'eût inspiré, nous n'en doutons pas, votre attachement à la patrie et votre propre intérêt vous ramèneraient bientôt à d'autres sentiments.

Vous le voyez, camarades, l'exemple que nous avons donné, une grande partie de la Nation l'a déjà suivi; L'EMPEREUR a rallié autour de lui l'élite de l'armée et des généraux; Lyon s'est empressé de lui ouvrir ses portes; la capitale elle-même vient de l'accueillir avec enthousiasme, et le nom de Napoléon est aujourd'hui le cri de ralliement de l'immense majorité des Français.

Qu'à la première nouvelle de son débarquement, quelques-uns d'entre vous aient couru aux armes, nous le concevons jusqu'à un certain point : il ne vous avait pas fait connaître ses généreuses intentions, et les Bourbons régnaient encore.

Mais se déclarer contre lui, maintenant qu'il nous promet la liberté et que les rênes de l'État se sont échappées des mains des Bourbons, c'est être l'ennemi de soi-même et de son pays; c'est se sacrifier pour une cause désespérée; c'est vouloir, enfin, qu'une seconde Vendée ait le sort de la première.

Camarades, le sang français ne doit couler qu'au champ d'honneur. Il ne faut pas que notre histoire soit de nouveau souillée par le triste récit de nos dissensions; il ne faut pas surtout que nous combattions pour le despotisme, nous à qui l'amour de la liberté a fait enfanter tant de prodiges.

Imitez nous, camarades; reconnaissez pour votre chef le grand homme auquel se rattachent tant de glorieux souvenirs ; mais demandez, comme nous, qu'un pacte social régulier nous garantisse la liberté de la presse et la liberté individuelle ; demandez, comme nous, qu'une constitution appropriée à nos mœurs et à nos besoins soit le gage de l'union de tous les partis ; et méritons par là d'être placés au premier rang des bons Français.

Grenoble, le 22 mars 1815.

Signataires :

MM. Falcon, colonel commandant la garde nationale de Grenoble, officier de la Légion d'honneur; Lavauden, major; Perrin, sous-lieutenant; Rey, capitaine ; Boisset, capitaine; Duchesne, idem; Baret, idem; Boni, lieutenant; Mars, adjudant sous-lieutenant; Mauclerc, chirurgien-major du 2e bataillon ; Duhamel, capitaine; Fournier, chirurgien-major du 1er bataillon ; Rivier, lieutenant; Bonnard fils, sous-lieutenant; Blanc, lieutenant; Filoz, lieutenant; Michal, sous-lieutenant; Bougy, idem; Remusat, idem; Michel, lieutenant; Bertrand, sous-lieutenant; Vieux, sous-lieutenant; Blanc, sous-lieutenant, garde à cheval; Vallier, capitaine; Paris, sous-lieutenant ; Jayet, sous-lieutenant; Giroud fils, lieutenant; Longchamp, capitaine; Roman, lieutenant; Giroud, notaire, sous-lieutenant; Perret, adjudant sous-officier ; Bouvier, sous-lieutenant; Hélie, chef de bataillon; Thirion, adjudant-major.

VIII. — PIÈCE H.

(Page 61.)

Le maire de Grenoble à ses concitoyens.

Un armistice jusqu'au 9 du courant, à midi, si dans l'intervalle il n'y a pas d'autres arrangements, a été conclu sur la demande du général ennemi. Cet avantage est dû à la bravoure de la garnison. M. le général Motte a fait le plus grand éloge de la garde nationale ; elle a, dans cette journée, acquis de nouveaux droits à la reconnaissance publique, et il est bien flatteur pour moi de le lui exprimer. Tous les combattants ont bien mérité de la patrie.

J'invite les habitants au calme. Il est expressément défendu de tirer des coups de fusil soit dans l'intérieur de la ville, soit dans les environs. Ceux qui se sont permis cette imprudence n'ont pas réfléchi qu'ils troublent la tranquillité publique et qu'ils ont failli occasionner des malheurs. La contravention à la défense ci-dessus sera punie très-sévèrement. — Grenoble, 6 juillet 1815. Signé GIROUD.

IX. — PIÈCE I.

(Page 65.)

Le Préfet du département de l'Isère,

Considérant qu'au moment où les pouvoirs de M. le commissaire général de police viennent de cesser, il convient d'examiner les mesures que, dans un moment où les lois se taisaient sous l'empire des circonstances, il a cru devoir ordonner par des raisons d'un ordre supérieur ou par zèle pour le bien public, et de les faire rentrer dans les bornes constitutionnelles posées par le gouvernement du Roi, afin de ne plus s'écarter désormais de la marche souvent sévère, mais toujours juste de la loi ;

Considérant qu'il résulte du rapport qui lui a été fait par M. le commissaire général de police, et de l'examen des pièces qu'il lui a remises, que ses actes contre la liberté des individus se divisent en trois classes :

1º Arrestations de prévenus traduits devant les tribunaux ;

2º Arrestations de prévenus sur lesquels il n'a été rien statué ;

3º Mises en surveillance ;

Considérant que les tribunaux étant saisis des affaires de la première classe, c'est aux tribunaux à les juger ;

Qu'il est juste et urgent d'examiner les motifs des arrestations de la seconde classe, afin que, dans le cas où il n'y aura pas lieu d'envoyer un prévenu par-devant le ministère public, il soit promptement remis en liberté;

Que les noms des individus frappés de surveillance, ainsi que les motifs de cet acte de police ayant été envoyés au ministre, c'est à Son Excellence à prononcer sur cette mesure; mais qu'il est juste d'adoucir tout ce qu'elle peut avoir de trop rigoureux, en attendant la décision à intervenir,

ARRÊTE :

Art. 1er. Tous les prévenus arrêtés par les ordres de M. le commissaire général de police, qui n'auraient point encore été interrogés, le seront dans les vingt-quatre heures qui suivront la publication du présent arrêté, et, s'il n'y a lieu à les renvoyer par-devant les tribunaux, seront mis en liberté.

Art. 2. Toutes les mesures de surveillance prescrites par l'ordonnance de M. le commissaire général de police, du 28 juillet, sont et demeurent abrogées et de nul effet, sous condition, par les individus qu'elles concernent, de prendre l'engagement de se représenter à l'autorité, si la décision de S. Exc. le ministre de la police générale le prescrit : engagement qu'ils seront tenus de prendre devant le maire de la commune où ils résident.

Art. 3. MM. les sous-préfets et maires sont chargés de l'exécution du présent arrêté.

Fait et arrêté à Grenoble, le 8 août 1815.

Le Préfet de l'Isère,
Comte DE MONTLIVAULT.

Par le Préfet :
Le secrétaire général, BEAUFORT.

NOTICES BIOGRAPHIQUES

SUR LES PRINCIPAUX PERSONNAGES DONT IL A ÉTÉ QUESTION DANS L'HISTOIRE QUI PRÉCÈDE.

A

AUGEREAU (*Pierre-François-Charles*), maréchal de France, duc de Castiglione. Né à Paris le 21 octobre 1757, d'un père simple domestique, il s'enrôla comme volontaire et fit les guerres de la révolution, où son avancement fut rapide. Il était commandant de la 17e division militaire quand il exécuta à Paris le coup d'état du 18 fructidor 1797 ; bientôt après, il fut mis à la tête de l'armée de Rhin et Moselle ; il se distingua pendant les guerres de l'Empire et obtint le bâton de maréchal de France. Chargé en 1814 du commandement de l'armée de Lyon, il fit bientôt défection et devint pair de France. Pendant les Cent-Jours, Napoléon refusa ses services. Il mourut le 12 juin 1815 dans sa terre de la Houssaye.

B

BARRAL (*André-Horace-François*, vicomte de), né à Grenoble le 1er août 1743. Il servit en Amérique sous le général Lafayette et en France pendant les guerres de la révolution ; il devint général de brigade dans l'armée du Roussillon. Après avoir émigré au moment de la terreur, il rentra ensuite en France, et, sous le règne de Napoléon, fut préfet du Cher de 1805 à 1813, époque où il obtint sa retraite et se retira à Voiron. En 1814, il reprit les armes pour défendre la France qui était envahie. Il est mort à Voiron le 15 août 1829.

BERRIAT (*Jacques-Saint-Prix*), plus connu sous le nom de Berriat Saint-Prix, avocat, professeur à la Faculté de droit de Paris. Né à Grenoble le 23 septembre 1769, il fut d'abord commissaire des guerres adjoint, puis en 1796 professeur de législation à l'école centrale de l'Isère, et plus tard à l'école de droit de Grenoble. En 1815, il se montra partisan de l'empereur et fut membre du bureau central de la Fédération dauphinoise ; ce qui ne l'empêcha pas d'être nommé en 1819 professeur à la Faculté de droit de Paris ; l'Académie des sciences morales l'admit dans son sein en 1840. Il mourut à Paris le 4 octobre 1845. Il est auteur d'un grand nombre d'ouvrages estimés.

BEYLE (*Chérubin-Joseph*), ancien avocat au parlement de Grenoble, père du littérateur de ce nom (Stendhal). Il fut membre du conseil municipal et adjoint à la mairie de Grenoble en 1815. Il est mort sous la Restauration.

BILON (*François-Marie-Hippolyte*), savant distingué, docteur en médecine, professeur à l'hôpital et à la Faculté des sciences de Grenoble. Né dans cette ville, le 18 juillet 1780, il fut en 1815, pendant les Cent-Jours, membre du bureau central de la Fédération dauphinoise ; ce qui lui attira quelques persécutions après l'entrée des alliés ; il fut suspendu de ses fonctions et consigné aux portes de la ville. Il est mort à la Tronche le 19 octobre 1824.

BOURDON DE VATRY (*Marc-Antoine*, comte de), frère du conventionnel Bourdon de la Crosnière (Léonard), né à Saint-Maur le 21 novembre 1761. Après avoir été chef du bureau des colonies, au commencement de la révolution, il devint ministre de la marine en 1799. Après le 18 brumaire, le chef de l'État le nomma successivement préfet maritime du Hâvre, puis préfet de Vaucluse, de Maine-et-Loire et de Gênes. Après la première Restauration, il obtint la place de directeur du personnel de la marine et intendant des armées navales. Pendant les Cent-Jours, ayant embrassé la cause de Napoléon, il fut envoyé comme commissaire extraordinaire dans la 7e division, et devint bientôt préfet de notre département. Disgracié après le retour des Bourbons, il mourut pauvre à Paris, le 22 avril 1828.

Bubna-Littiz (*Ferdinand*, comte de). Né à Zamersk (Bohême) en 1772, il devint successivement chambellan et feld-maréchal lieutenant au service de l'Autriche; il se battit contre Napoléon et fut chargé de négociations auprès de ce souverain en 1813; il devint ensuite commandant d'un corps d'armée destiné à agir dans le sud-est de la France; en 1815, il fit partie de l'armée du comte de Frimont; il quitta Lyon le 21 septembre 1815 pour se rendre en Autriche où son souverain lui fit don d'une fort belle terre en Bohême. En 1821, il eut à réprimer l'insurrection du nord de l'Italie, et mourut peu d'années après à Milan, le 6 juin 1825.

Bugeaud de la Piconnerie (*Thomas-Robert*), duc d'Isly, maréchal de France, né à Limoges le 15 octobre 1784. Simple soldat en 1804, nommé caporal à Austerlitz, il fut sous-lieutenant l'année suivante. S'étant distingué dans les guerres d'Espagne, il devint bientôt colonel. En 1815, avec des forces très-inférieures, il battit les Autrichiens en Savoie. Député en 1831, il fut envoyé en Algérie et soumit cette contrée; en récompense, il reçut le bâton de maréchal de France et le titre de duc d'Isly. Il est mort du choléra à Paris, le 10 juin 1849.

C

Chabert (*Théodore*). Né à Grenoble le 16 mai 1758, soldat au régiment de Bourbonnais en 1774 jusqu'en 1783, chef d'un bataillon de grenadiers en 1793, général de brigade le 3 nivôse an II, membre du conseil des Cinq-Cents, plus tard commandant de la Légion d'honneur, à la rentrée de Napoléon, en 1815, il devint commandant des Hautes-Alpes et se mit à la tête des troupes qui résistèrent à la division de l'armée du duc d'Angoulême que commandait le général Ernouf; il décida la défection du général Gardane. Plus tard, nommé lieutenant général, il fut chargé par l'empereur de l'organisation, de l'inspection et du commandement des gardes nationales de la 7e division militaire. Il accomplit avec activité cette mission. Il est mort à Grenoble le 7 avril 1845.

CHAMPOLLION-FIGEAC (J.-J.), frère aîné de Champollion dit Saghir, né à Figeac (Lot) en 1780, savant distingué, ancien conservateur de la bibliothèque de Grenoble, et professeur à la Faculté des lettres de cette ville. Napoléon le fit appeler à son arrivée à Grenoble en 1815, et il fut chargé, pendant les Cent-Jours, de la rédaction du *Journal du département de l'Isère;* il est actuellement conservateur de la bibliothèque de l'Empereur à Fontainebleau.

COLAUD DE LASALCETTE (le baron *Jean-Jacques-Bernardin*), frère du préfet de l'Isère par *interim* en 1815, commandant de la Légion d'honneur. Né à Grenoble le 27 décembre 1759, il commanda une brigade au siége de Mantoue. Ayant été envoyé en 1798 aux îles Ioniennes, il y fut fait prisonnier; mis en liberté en 1803, il devint général de brigade et commanda le département de l'Isère; il fut ensuite général de division et gouverneur des Etats du Hanovre. Pendant les Cent-Jours, Napoléon, à son arrivée à Grenoble, le mit à la tête de la 7e division militaire. Il est mort à Fontagnieu, commune d'Allières et Risset, le 3 septembre 1834.

COLAUD DE LASALCETTE (*Claude*), frère du général de ce nom, ancien vicaire général du diocèse d'Embrun; après avoir été conseiller de préfecture sous l'empire, il remplit les fonctions de préfet de l'Isère par *interim* pendant les Cent-Jours. Il est mort sous la Restauration, à Saint-Georges de Commiers.

D

DEBELLE DE GACHETIÈRE (le baron *Césaire-Alexandre*), commandant de la légion d'honneur. Né à Voreppe le 27 novembre 1770, il entra au service en 1787, il passa par tous les grades et devint colonel en 1797, puis général de brigade en 1804; il se distingua en Italie, en Prusse, en Pologne, et, plus tard, en 1809, à l'armée de Portugal. A la bataille de Saltzbourg, il enfonça un carré ennemi et le culbuta entièrement, ce qui lui valut un sabre d'honneur. Retiré en 1815 à Voreppe, il fut nommé par l'empereur, le 9 mars de cette année, commandant de la Drôme; il combattit alors l'armée royaliste qui avait à sa tête le duc d'Angoulême. Après le retour de Louis XVIII, il fut condamné à mort, puis gracié et mis à la retraite en 1817; il est mort à Voreppe dans sa propriété de Gachetière, le 19 juillet 1826.

DEBELLE (*Joseph-Guillaume*) (1), frère du précédent et de De-

---

(1) Père de M. Alexandre Debelle, conservateur du musée de Grenoble et l'un des artistes les plus distingués de notre ville.

belle (Jean-François-Joseph), général de division d'artillerie. Né à Voreppe, le 25 septembre 1779, il entra au service comme artilleur en l'an II, et passant par tous les grades dans l'armée de Sambre et Meuse, il fut nommé capitaine d'artillerie, le 3 vendémiaire an VII, à la direction de Grenoble. Il avait eu la cuisse gauche emportée par un boulet, le 4 fructidor an IV, à la bataille de Schwarzenfeld, sur la Lahn; il fut fait prisonnier le même jour et ne rentra en France que dans le courant de frimaire an V. Au commencement de 1814, il se battit contre les Autrichiens, aux Echelles, sous les ordres du général de Barral, et, en 1815, à la tête des artilleurs de l'arsenal, il se distingua pendant le siège de Grenoble. Mis à la retraite, il mourut l'année suivante à Voreppe, épuisé par les fatigues de la guerre.

DEBELLE (*Jean-Baptiste-Auguste*), frère du précédent, né à Voreppe, le 13 septembre 1781. Sous-lieutenant à seize ans, il se distingua sous le général Hoche pendant les guerres de la république, puis sous l'empire; il fut nommé chef d'escadron aux chasseurs à cheval de la garde impériale, en 1813, et adjudant général le 13 mars 1814, époque où il se retira dans son pays natal. A la rentrée de Napoléon en 1815, il reçut le grade de maréchal de camp le 24 avril de cette année et servit dans l'armée des Alpes; il commanda ensuite le département, du 25 juin au 14 juillet 1815. Mis à la retraite sous la Restauration, il reprit du service en 1830 et mourut peu après, le 31 janvier 1831.

DESSAIX (*Joseph-Marie*), comte de l'empire, lieutenant général, né à Thonon, en Savoie, en 1764. Après avoir été reçu docteur en médecine à Paris, il fut bientôt expulsé de son pays à cause de ses opinions républicaines. En 1792, il proposa à la Convention la création de la légion des Allobroges, fut envoyé à Grenoble pour l'organiser et devint chef de bataillon de cette légion; il fut successivement membre du conseil des Cinq-Cents, général de brigade en 1803, général de division en 1809 et commandant d'Amsterdam en 1810. Il se distingua en Savoie pendant les campagnes de 1814 et 1815. Le roi de Sardaigne le fit renfermer en 1816 dans le fort de Fénestrelles pendant sept mois, et il fut ensuite mis en liberté. Il est mort en 1825.

DUBOUCHAGE (le comte *Marc-Joseph* DE GRATET), né à Grenoble le 8 août 1751, ancien officier du génie et procureur général syndic des états du Dauphiné avant 1780, conseiller de préfecture de l'Isère, préfet des Alpes Maritimes en l'an XI, membre de la commission administrative de l'Isère nommée par les alliés en 1815, puis préfet de la Drôme le 14 juillet de la même année, conseiller d'état. Mort à Grenoble, le 21 avril 1829.

Dubouchage (*Gabriel*), né à Grenoble, le 8 juin 1777. Député de l'Isère en août 1815, il fut pair de France en 1823, en remplacement de François-Joseph Gratet, vicomte Dubouchage, son oncle, ancien ministre de la marine.

Duboys (*Gaspard-Marie*), né à Grenoble le 20 novembre 1761, ancien conseiller au parlement, membre de la commission administrative de l'Isère nommée par les alliés en 1815, député de l'Isère la même année, président de chambre à la cour royale de Grenoble.

Durand (*Pierre-Marin*), maréchal de camp, né à Craon (Mayenne), le 21 avril 1773. Soldat en 1787, il passa par tous les grades et se distingua en Espagne au siége de Saragosse; il était colonel du 11º régiment à Grenoble, lorsque Napoléon entra dans cette ville en 1815. Il resta fidèle à Louis XVIII. Sous la Restauration, il devint commandant de la subdivision militaire du département de la Haute-Vienne; il se retira ensuite à Claix, dans le département de l'Isère, sa patrie d'adoption, où il est mort en 1850.

F

Fourier (*Jean-Baptiste-Joseph*), baron, et plus tard comte de l'empire, membre de l'Institut, savant et administrateur distingué, né à Auxerre en 1768. D'abord oratorien, il fut ensuite professeur adjoint à l'école polytechnique en 1795, puis membre de l'institut d'Egypte et administrateur dans ce pays. Napoléon le nomma peu après préfet de l'Isère et il remplit ces fonctions de 1802 à 1815. Choisi pour être préfet du Rhône pendant les Cent Jours, il fut bientôt révoqué. Il s'adonna alors tout entier aux sciences; membre de l'Académie des sciences en 1817, il devint ensuite secrétaire perpétuel de ce corps. Il est mort en 1830.

Frimont (*Jean*, baron de), gentilhomme français, né en Lorraine en 1756. Il émigra en 1791, passa au service de l'Autriche et devint général des ennemis de son pays; il se battit avec succès contre les Français en 1812, 1813 et 1814. En 1815, il fut nommé commandant en chef de l'armée autrichienne d'Italie et envahit la France. En 1821, à la tête des mêmes troupes, il rétablit sur son trône Ferdinand 1er, roi des Deux-Siciles. Il est mort en 1831.

G

Giroud (*Pierre*), ancien notaire, ancien receveur général, né à Saint-Marcellin en 1756; il fut notable du corps municipal de Grenoble en 1790, membre du directoire du district de cette ville de 1791 à 1793, maire de Grenoble en 1815. Mort dans cette ville le 21 février 1841.

II

Hesse-Hombourg (*Joseph-Louis-Frédéric*, prince héréditaire de), fils du landgrave de Hesse-Hombourg, né le 11 mars 1779. Feld-maréchal lieutenant au service de l'Autriche, il combattit les Français à Leipsik et fit contre eux les campagnes de 1814 et 1815. Il a été considéré comme un habile tacticien.

J

Juigné (*Auguste*, le comte de) fut envoyé en 1814, en qualité de commissaire du roi, dans la 7e division militaire, où il ne destitua personne, et reçut à son retour la croix de Saint-Louis ; en octobre 1815, il fut nommé colonel de la légion de Seine et Oise.

L

Lavalette (le marquis *Charles-Laurent-Joseph-Planelli* de), né à Grenoble le 30 avril 1763. Capitaine de cavalerie avant 1790, premier adjoint à la municipalité de Grenoble de 1803 à 1815, inspecteur des gardes nationales de l'Isère, maire de Grenoble en 1815 après les Cent Jours et les années suivantes, il a rendu de grands services à cette ville ; il fut préfet du Gard de 1824 à 1828 et député de l'Isère en 1815, 1816, 1819 et 1829 ; il est actuellement retiré dans son château de Varces ; il a laissé partout d'honorables souvenirs.

M

Marchand (*Jean-Gabriel*), comte de l'empire, général de division, né à l'Albenc (Isère), le 11 décembre 1765. D'abord capitaine au 4e bataillon de l'Isère en 1791, il fit les guerres de la révolution et devint général de brigade en 1800 ; il combattit les Prussiens et les Russes en 1806 et 1807 ; il commanda en 1814 la 7e division militaire et conserva cet emploi sous la Restauration ; pendant les Cent Jours il quitta précipitamment Grenoble au moment de l'arrivée de Napoléon et reprit le commandement de la 7e division militaire au retour de Louis XVIII. Bientôt dénoncé par un nommé Rostain comme ayant trahi la cause royale, il fut traduit devant un conseil de guerre à Besançon et acquitté à l'unanimité ; on le mit néanmoins en disponibilité. Il fut élevé à la dignité de pair de France en 1837. Il est mort à Saint-Ismier, près Grenoble, le 12 novembre 1851.

Montlivault (*Casimir-Guyon*, comte de) né en 1770. D'abord secrétaire général de l'impératrice Joséphine après le divorce de cette princesse, il fut nommé par les Bourbons, le 2 mai 1814, préfet des Vosges, puis préfet de l'Isère après la deuxième Restauration ; à la fin de 1816, il passa à la préfecture du Calvados.

Motte (*Robert*), baron de l'empire, commandant de la Légion d'honneur, né à Romans. Il servit dans le 51e régiment depuis 1780 ; il passa par tous les grades, devint général de brigade et fut nommé général de division dans l'armée des Pyrénées Orientales en l'an III. En 1815, il fut commandant supérieur de la place de Grenoble en état de siége.

R

Randon (*Jacques-Louis-César*), né à Grenoble le 25 mars 1795, neveu du général Marchand et son aide de camp en 1814. Il a depuis constamment servi ; il s'est distingué en Afrique sous le règne de Louis-Philippe et il a été nommé lieutenant général en 1837. Il est actuellement gouverneur de l'Algérie.

Rey (*Edouard-Eléonore-Guillaume*), né à Grenoble le 4 janvier 1787. Elève de l'école polytechnique, il servit dans l'armée du prince Eugène et devint bientôt chef d'escadron dans l'artillerie ; licencié en 1814, il alla au-devant de Napoléon en 1815 et devint son officier d'ordonnance. Sous la Restauration, il organisa l'artillerie du pacha d'Egypte. Après 1830, il reprit du service dans l'armée française et fut nommé commandant de plusieurs directions d'artillerie. Il est actuellement retiré à Saint-Egrève, près Grenoble, avec le grade de maréchal de camp.

Renauldon (*Charles*), baron de l'empire, né à Grenoble le 16 février 1757. Il a été maire de Grenoble de 1800 à 1815 ; administrateur habile, il a rendu les plus grands services à cette ville ; il a surtout puissamment contribué à l'organisation des sociétés de bienfaisance. Il est mort dans notre ville le 22 mars 1824.

Roederer (*Pierre-Louis*, comte de), né à Metz en 1754. Ancien conseiller au parlement, député aux états généraux, sénateur sous l'empire et ministre des finances de Joseph Bonaparte, roi de Naples, en 1806, il fut envoyé par Napoléon, en 1815, comme commissaire extraordinaire dans la 7e division militaire. Nommé pair de France en 1832, il est mort à Paris en 1835. Il est auteur d'un certain nombre d'ouvrages sur la politique, l'histoire et la littérature.

S

Savoye de Rollin (*Jacques-Fortunat*), baron de l'empire, né à Grenoble le 15 décembre 1754, ancien avocat général au parlement du Dauphiné, membre du tribunat en l'an VIII, plus tard substitut du procureur général de la haute-cour, préfet de l'Eure en 1805 et de la Seine-Inférieure en 1806, puis des Deux-Nèthes, et, enfin, de la Côte-d'Or pendant les Cent Jours; député de l'Isère en 1815, 1816 et 1819, mort à Paris le 1er août 1823.

Saint-Vallier (le comte *Jean-Denis-Réné-Lacroix* de), grand officier de la Légion d'honneur, né le 6 octobre 1756, membre du sénat conservateur en 1805, pourvu de la sénatorerie de Gênes en 1809; il fut envoyé au commencement de 1814 dans la 7e division militaire comme commissaire extraordinaire pour organiser la levée en masse; il se rallia ensuite aux Bourbons et devint pair de France; il présida en 1815 le collége électoral de la Drôme. Il est mort en 1824.

Suchet (*L.-Gabriel*), duc d'Albuféra, général français, né à Lyon en 1772. Enrôlé à vingt ans comme volontaire, il avança rapidement dans les armées de la république et se distingua surtout pendant les guerres de l'empire; en 1815, il fut chargé de la défense des Alpes. Il est mort à Marseille en 1826.

SOMMAIRE.

	Pages.
Etat de Grenoble en janvier 1814. — Invasion de l'ennemi. — Combats près Montmélian, Barraux et les Echelles....	1-6
Les Français reprennent l'offensive. — Conquête de la Savoie....................................	7-9
40,000 alliés marchent sur Lyon. — Capitulation de cette ville. — Le département de l'Isère est envahi de tous côtés. — Combats de Chirens et de Voreppe. — Les Français se replient au pont de Pique-Pierre...........	9-15
Les autorités de Grenoble adhèrent à la déchéance de l'empereur et reçoivent les alliés. — Première restauration. — Fêtes..	15-19
Le comte d'Artois à Grenoble.......................	19-21
Les Cent Jours. — Napoléon à Grenoble. — Détails.......	21-39
Soulèvement des royalistes dans le midi. — Evénements à Grenoble..	39-47
Fédération dauphinoise. — Préparatifs de défense à Grenoble..	47-52
Campagne de Savoie. — Beaux faits d'armes du colonel Bugeaud. — Invasion des alliés. — Retraite des Français sur Lyon..	52-54
Agitation dans Grenoble. — Son territoire est envahi par l'armée austro-sarde. — Siége de la ville. — Détails. — Capitulation....................................	54-62
Nouvelle municipalité. — Violation de la capitulation. — Exactions des alliés. — Persécutions.................	62-66
Deuxième restauration. — Le duc d'Angoulême à Grenoble	66-69
Départ des alliés. — Ce qu'a coûté au département leur présence pendant cinq mois......................	70-71
Pièces justificatives...............................	71-78
Notices biographiques	78-86

www.ingramcontent.com/pod-product-compliance
Lightning Source LLC
Chambersburg PA
CBHW070318100426
42743CB00011B/2464